「印象」心理學

認知偏誤會扭曲人的判斷

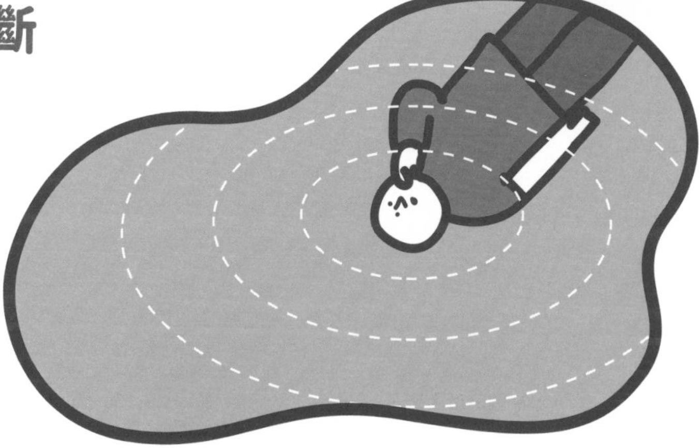

前言

請問你翻開這本書的理由，是下列哪一項呢？

1. 自認沒有識人的能力，想知道原因。
2. 自認擁有識人的能力，想透過本書確認自己是否判斷錯誤。
3. 不確定自己給人的印象，想知道原因。
4. 想知道為什麼預期自己的行動沒問題，卻常招致失敗。
5. 覺得自己的團體比對方的更出色，想知道對方是不是這麼認為。
6. 想知道為什麼自己就是無法喜歡上對方的團體。
7. 想知道如何建立對他人、自己、團體的印象，瞭解其中的心理機制。

這當中有沒有哪個選項最接近你的想法呢？

其實，這都與我們的「心理作用」有關，攸關我們如何看待周遭的人、自己及其他團體成員。

以社會心理學的角度簡單說明本書內容，就是「幫助各位理解這7項疑問」，主要探究生活中與人相處時所體會到的疑惑。

本書由5個章節構成，根據社會心理學研究已經釐清的現象，分析關於「印象」的心理機制。

PART1「人的判斷方式」中，會介紹建立印象的過程，以及過程中常見的思考傾向。由接收的資訊建立起印象時，有時會憑直覺判斷，有時則會深思熟慮再判斷。充分瞭解此一現象後，才會正式進入主題。

接下來的章節，都是關於前面提到的7項疑問。

有第1項和第2項疑問的人，可以參考PART2「如何建立他人的印象」；有第3

項和第４項疑問的人，可以參考ＰＡＲＴ３「如何建立自己的印象」；有第５項和第６項疑問的人，可以參考ＰＡＲＴ４「如何建立團體的印象」。

這些章節談論的現象都有關聯性，無法切割開來思考，我會在各個章節裡解釋這點。最後的ＰＡＲＴ５「這個印象真的好嗎？」，會談到哪些情況受到思考傾向影響後，反而會做出更適當的判斷，並探討其中的意義。

希望各位閱讀本書後，可以重新看待周遭的人、自己、所屬團體以及他人的團體。

「印象」心理學　認知偏誤會扭曲人的判斷——目次

PART 2
如何建立「他人」的印象

PART 3 如何建立「自己」的印象

PART 4 如何建立「團體」的印象

PART

1

人的判斷方式

CHAPTER

1

人在判斷時的認知框架

他人的印象

首先，請各位閱讀以下這篇文章。

有一天晚上，在某家企業的總經理辦公室中……

——今天的工作結束了，接下來有一件很重要的事：

我要向一直輔佐我的祕書求婚。

這位祕書還很年輕，既溫柔又聰明伶俐。相信我們步入家庭後，他也能好好地輔佐我。我在科技領域創業至今已經過了20年，經過激烈的競爭後，總算將公司擴張到今日的規模，業績也十分穩定。事業有成後，感情也差不多該穩定下來了。不過，現在時間已經很晚了，不曉得他會不會接電話。其實我應該當面告訴他比較好，但這時才空下時間。

——太好了，他給了我正面答覆。不過他希望以家庭為優先，同時繼續上班工作，看來必須把他調到別的部門才行。因為我的身分問題，還需要辦一場能邀請客戶來參加的婚禮。

明天要趕快聯繫公司長期配合的飯店業務人員。

到時，該穿怎樣的婚紗好呢？

問題來了，各位覺得這位總經理是什麼樣的人、祕書又是什麼樣的人呢？

這個問題並沒有正確答案。或許，你在閱讀這篇文章的過程中，對總經理和祕書的印象就已經改變了；不過，就算沒有改變也無妨。比方說，總經理和即將成為伴侶的祕書都會在婚禮上穿婚紗，或是總經理是女性、祕書則是男性。其他還有很多種可能性。

相信很多人在閱讀文章時，一開始並沒有想到總經理是女性吧？不過仔細想想，其實不少知名企業的經營者就是女性，媒體還會特別報導。既然如此，為什麼大部分的人還是會先想到男性呢？

每個人在判斷事物時，都會有**「認知框架」**。當我們以次作為判斷時，會侷限自己的認知，而產成偏見或成見。

後續單元中，我會再詳細說明。

總而言之，大部分人會以為總經理是男性、祕書是女性，正是因為以認知框架來判斷的緣故。

印象的形成方式

就如前述提到，大部分人會以為總經理是男性，我們對於日常生活中遇見的人，也都會抱持某種**「印象」**。各位可以思考一下，這些印象是從何而生？為什麼自己會對他人抱有某種印象呢？

其實，我們在第一次見到對方時，往往會將當時掌握的瑣碎資訊當作判斷線索。

假設你在認識A時，得知其職業和居住地區等資訊後，可能就會認定對方生活富裕。這麼一來，你就會漸漸覺得A用的東西都是上等貨、談吐很有氣質。

此時，就是認知框架在發揮作用，A未必就是富裕人家。職業這類資訊只是個人簡歷中的一項而已，我們卻以此為線索，建立起對A的印象。

這種根據某項資訊建立起對他人的印象並逐漸鞏固的過程，就稱作**「認知歷程」**。認知歷程包含幾個階段：**記憶資訊→解釋資訊→加強信念**，且彼此互有關聯。為了方便大家理解，本書將逐一探討各個階段。

以前述例子來說：你接收到A的職業資訊後，就衍生出某個印象，並變得容易記住符合印象的事物，因此A持有高價物品時，你會比較容易記住，這就是在「記憶」階段會發生的現象；當你猜測A是有錢人後，就會開始尋找證據，對其言行做出符合假設的「解釋」；假設得到驗證後，就會逐漸成為「信念」。

因此，當你和別人提起A時，就會依照此一堅定的信念，談論A有多麼富裕。於是，你對A抱持的單純印象，就宛如事實般散播出去了。

關於這種對他人的個體內歷程（單方面認知）與個體間歷程（受交流影響），會於PART2中詳細說明。

判斷對象不只有他人；我們對於自己，也會有「我是個○○的人」的印象。當我們受人評論時，如果符合自我印象，我們就會欣然接受，反之就會拒絕承認。

舉例而言，當你自認是內向的人時，就會選擇比較不會接觸他人的職業。就算朋友說：「我覺得你很適合銷售或營業方面的工作耶！」你也會馬上在內心否認。

有時，別人或許更瞭解我們，但我們常常會頑固地執著於自己的信念。

此外，我們對自己也會有個理想印象，並希望這就是別人對自己的印象。為了讓自己看起來符合理想印象，就會採取各式各樣的方法。反之，我們也會有不願表露的一面，但可能早就被人看透了。這類關於自己的印象，會在PART3中詳加介紹。

除了對他人的印象之外，PART4中還會詳細說明由一群他人集合而成的團體印象。我們往往會基於某些效應，覺得「這是一群○○的人」，並產生既定印象，這種印象還會透過與他人交流而逐漸加強，這點後面也會介紹。

以基模處理資訊

目前列舉了對他人、自己和團體的印象，而這些印象形成的過程中有個共通點，就是認知框架。

心理學將此稱作**「基模」**，意即對於認知對象的知識結構。

人的記憶裡儲存著，對於各種對象的基模。在面對外來資訊的時候，就會使用到這些基模。

舉例而言，當我們找人問路後，之所以能按照對方的指示在下個轉角右轉，就是因為具備了轉角、右邊、轉彎的知識和記憶。

接下來，請大家閱讀這篇文章。

這個程序非常簡單。首先根據物品的性質分類，但有些類別的數量可能多到不足以容納於單一類別。如果缺乏設備、必須另外處理的話，就採取下一個步驟；反之就算是準備完成了。重點在於「不要一下子做太多」，少比多好。若是只考慮眼前的狀況，或許會覺得沒什麼；但要是數量太多，就會造成麻煩，而且失誤的代價很高。起初應該會覺得程序很複雜，但相信很快就會成為生活習慣了。或許不久的將來，就可以省下這道程序。當這道程序結束後，需再次分類物品，並放置於適當地點。使用這些物品之後，又必須重複上述步驟，這就是生活的一環。

（Bransford & Johnson, 1972　P722）

各位看得懂這篇文章在寫什麼嗎？

答案是「洗衣服」。

有一種基模稱作**「腳本」**，意即某一特定情境中會有的一連串行為或現象的特徵。具備洗衣腳本的人，就會很容易理解這篇文章。即使初次閱讀時一頭霧水，但只要知道這是指「洗衣服」的話，就會恍然大悟。

我們擁有許多腳本。

舉例而言：在公車站等車→確定到站公車的行駛方向後上車→即將到站時按下車鈴，就是「搭公車」的腳本。

具備這種腳本之後，我們就算在不熟悉的地方搭公車，也不會過度擔憂。當出國旅行時，也會選擇在當地搭公車。不過一旦找不到下車鈴，就會陷入慌亂（有的地方是用拉繩取代下車鈴）。

發生特殊個案的時候，基模和腳本仍然會發揮認知框架的作用，讓我們可以理解資

表 1. 社會基模的種類

人的基模	對某個人的特徵和目標產生的理解認識。
自我基模	對於自我概念中明確特徵的認識。
角色基模	對符合特定社會地位或角色的行為的認識。
事件基模（腳本）	對特定情境下的事情順序或手續的認識。
編排規則基模（沒有資訊內容的基模）	對處理要素間的關聯或順序時的規則的認識。

參照 Fiske & Taylor（1991）製成。

訊，並配合當下狀況來採取相應的動作。

與社會現象和人類有關的基模，就稱作**社會基模**，又分為**人的基模**、**自我基模**、**角色基模**、**事件基模**（**腳本**），有的理論還會加上**編排規則基模**（**沒有資訊內容的基模**）（Fiske & Taylor, 1991）。

表 1 羅列了各個基模的種類和特徵以供參考。

以直覺或深思進行判斷

我們是如何擁有認知框架的呢？

有些框架是與生俱來的。關於表情認知的研究中，就主張喜悅等情感是人類共通的普遍情感（Ekman, 1992）。

笑容是對應喜悅的身體反應，而人天生就具備將「眼角下垂、嘴角上揚的表情」認作笑容的框架。

另一方面，也有可以透過學習和經驗取得的基模。例如「轉角」和「右邊」等相關的基模，就是屬於這一種。

各位只要仔細想想，應該就會發現我們擁有很多基模。

如同剛才所談到的，藉由這些基模在日常生活中的作用，我們才能快速處理和判斷。

從表1的內容可以知道，我們不只是擁有物體和事情的基模，對他人、自己、團體也有基模。

所以，當我們聽到「總經理」一詞，就會依照腦海中瞬間浮現的特定印象來判斷那個人。這個使用基模做出直覺性判斷的過程，稱作「**自動歷程**」。

自動歷程的特徵是無意識的、無心的、無法控制的、無需費力認知的（Bargh, 1989）。只要符合其中一項特徵，就是自動歷程。

相對於自動歷程的直覺性判斷，經過深思熟慮的判斷過程則稱作「**控制歷程**」。

自動歷程和控制歷程這兩者，也可以稱作系統一和系統二，而關於這2個過程的理論就統稱為「**雙重歷程理論**」。

雙重歷程理論論述的是2個過程各自的機能，以及2個過程不同的處理程序。

接下來會逐一說明。

擁有印象時的自動歷程和控制歷程 －機能模型－

我們對他人建立印象時，也有自動歷程和控制歷程。在這個奠基於雙重歷程理論的模型中，可以舉出2個主張各個過程具備個別機能的模型。

一個是形成印象的**「雙重歷程模型」**（預設2個過程之間有界線的模型），另一個是形成印象的**「連續體模型」**（預設自動歷程漸進到控制歷程的模型）。

形成印象的雙重歷程模型

根據形成印象的雙重歷程模型（圖1），我們首先會依照屬性來自動判斷他人是什麼樣的人。後面來說明一下圖1的路徑。

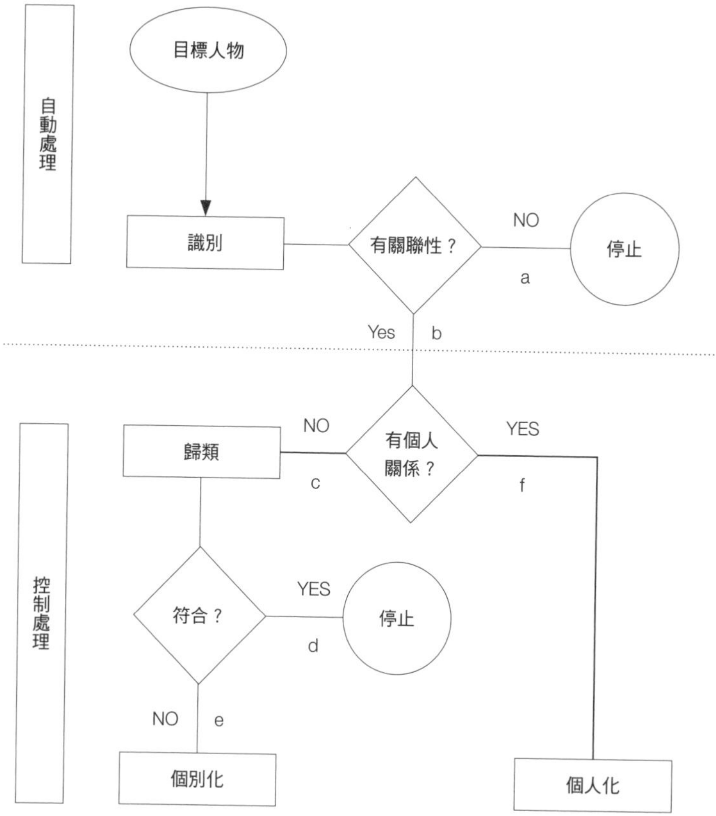

參照Brewer（1988）製圖。

圖1.形成印象的雙重歷程模型

舉例來說，假設你看到一個人，心想「他是日本人」（識別）。所謂的識別，就是辨識對象是什麼東西。你在這個狀況下認為目標人物是日本人，這就是識別。

這時，當你發現那個人跟你的目標沒有關聯，你就會中止處理（停止）。假使你在搭捷運時，看到有個人偶然待在你旁邊，你並不會因此多想。這就是圖1中的a，屬於自動處理的過程。

不過，要是那個人與你的目標相關（有關聯性），你就會根據控制歷程來判斷對方。

假設你今天第一次造訪有生意往來的A公司辦公室。A公司的職員與你的目標有關，因此你就會透過圖1的b進入控制處理的過程。

但是，即使對方是A公司的職員，例如他是大廳櫃台的接待人員，如果你和他的關聯性很低（沒有個人關係），你就會用印象來判斷對方（歸類），相當於圖1的c。

假設你對接待人員的印象是「待在櫃台裡，面帶微笑地迎接訪客」，那麼當大廳櫃台裡的人對你露出笑容時，你就會認為對方是接待人員。因為他的表現符合你的印象（符合），於是你就會結束對對方的資訊處理（停止），相當於圖1的d。

但是，假使那個人的表現和你的印象不同（雖然待在櫃台裡，卻對你露出凶狠的眼神），就相當於圖1的e。這時，你或許會覺得對方是個「可怕的接待人員」（個別化）。

接著探討一下其他對象的狀況吧！

我們再次回到圖1的b，想像一下你現在正在A公司的大廳等待。客戶公司的負責人來到你的面前。他是談生意的重要對象（有個人關係），這個狀況對應圖1的f。為了判斷對方是怎樣的人，你就會仔細觀察他的特徵並加以處理（個人化）。

形成印象的連續體模型

在圖1形成印象的雙重歷程模型中，主張自動歷程和控制歷程之間有分歧點。如果沒有與目標的關聯性，就會在「自動歷程」中停止處理；如果有關聯性，就會進入「控制處理」。

換言之，界線就在於**有無關聯性**，由此劃分出2個過程。

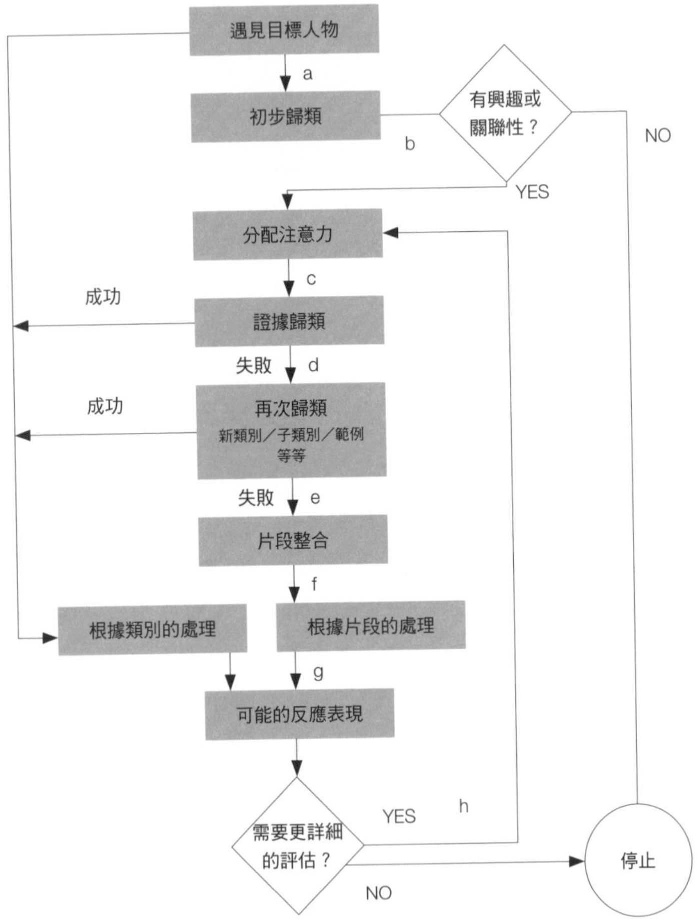

參照 Fiske & Neuberg（1990）製圖。

圖 2. 形成印象的連續體模型

相對地，在形成印象a的連續體模型（圖2）中，並沒有預設自動歷程和控制歷程之間的分歧點，認為兩者是連續的。也就是說，2個過程並不是由界線劃分開來，而是像彩虹的顏色一樣逐漸演變而成。

對他人的印象，就是在自動處理漸變到控制處理時形成。

後面來說明一下圖2的路徑。

形成印象是從自動處理開始。首先，我們會對他人進行**「歸類」**。就像剛才提到的例子，你看到一個人、心想「他是日本人」（初步歸類），這相當於圖2中的a。你對他產生最低限度的興趣或是察覺彼此有關聯性，此即圖2的b。於是你就會把注意力集中在他的屬性上（分配注意力）。

這時，你會衡量可以利用的資訊是否能解釋成符合初步分類的類別。如果你發現「他會說日語，果然是日本人」（證據歸類），就相當於圖2的c。

如果你發現在初步歸類的類別中無法得出合理解釋，就會對照其他類別（再次歸類）。

一開始你以為他「是日本人」，但假設你看到別人對他說日語時，他露出了困惑的表情，這時你就會想「原來不是日本人，可能是中國人吧」。當證據歸類發生錯誤，就相當於圖2中的d。因此你會在再次歸類的階段，評估各種類別的吻合度。

我們來看看圖2的再次歸類。「中國人」就代表是另一個**新的類別**；當你從他不諳日語的樣子推測出「就算是日本人，應該也是長居國外的海歸派」時，就會用到「海歸派」這個**子類別（下位類別）**；或者推測對方就算是日本人，「可能就像我的某位朋友一樣，因為懶得回答而佯裝聽不懂日語」時，就會用到**範例**。

若是再次歸類進行得不順利（圖2的e），你就會開始一一分析對方的每個特徵，再統合起來（片段整合）。並根據整合的資訊，來處理對方的情感、認知、行為傾向（根據片段的處理，圖2的f），接著表現出反應（可能的反應表現，圖2的g）。

如果需要更詳細評估對方，就會再次專注於對方的資訊（圖2的h）。

這些階段會不停重複，逐漸形成對那個人的印象。

雙重歷程模型與連續體模型的差異

前面已經介紹了形成印象的雙重歷程模型和連續體模型，這裡再稍微說明一下兩者的差異。在這些模型當中，除了對2個過程的觀點（是否有分歧點、是否為連續體）以外，還有其他不同觀點。例如：在雙重歷程模型裡，會預設好幾種規則。

我們再看一次剛才的圖1。

我們將客戶A公司的負責人「個人化」時，會評估自己和他是否具有個人關係（圖1的f）；不過當我們將A公司接待人員「個別化」時，會評估他是否符合「接待人員」這個類別（圖1的d和e）。換言之，模型中預設了個人化和個別化會使用不同規則。

相對地，連續體模型裡使用的規則只有1個。

這個規則就是對方的資訊和類別的吻合程度有多少，而身為認知者的我們對於形成對方的印象具有多少動機，這些都會影響到歸類的難度。從圖2可以看出，這個模型中形成印象的過程會循環。

雖然雙重歷程模型和連續體模型之間有這種差異，但兩者都是自動歷程和控制歷程統合而成的單一模型。這表示人懂得分別運用「依照類別的迅速處理策略」，和「賦予動機的詳細處理策略」。

舉例來說，假設你在公司裡被調到新部門。你看到上司和顏悅色的表情，可能會心想「他很溫柔」。可是，隔天你在會議上看到上司用嚴厲的口吻說話，就會發現他可能不符合「溫柔」這個類別。由於對方是上司，所以你想取得更多資訊，以便審慎評斷他的為人。就像這樣，雙重歷程理論印證了我們是個資訊處理的策略專家。

行動時的系統一和系統二 －順序模型－

自動歷程與控制歷程會各司其職，這個觀點在人際認知的場面裡很容易理解。但是，有時候還是會發生控制性的認識變成自動認識的狀況，或是相反。

我上汽車駕訓班時，在轉彎以前，必須確認後方、打出方向燈、減速，要考量到很多事情來開車，但如今我已經可以自動做出這些反應了。然而，當我在電視新聞上看到車禍報導後，都會變得比平常更小心確認後方。為了說明這些例子，用「程序」取代機能來思考後面介紹的2個過程或許會比較好。

有一群研究人員在這2個過程中，把自動進行、大部分處於無意識狀態下，而且不需要計算能力的過程稱作**「系統一」**；把控制進行、在資訊處理中需要分析性的智能，以及作為智能基礎的計算性要素的過程，稱作**「系統二」**（Stanovich & West, 2000）。使用這個名稱，可以將2個系統做出如下定義（Kahneman, 2011）。

- 系統一：自動且快速運作不需費力和自主控制。即使需要，也微不足道。
- 系統二：要分配注意力在需要費力的心理活動上，包含複雜的計算。系統二的運作會常常連結到主體性、選擇、專注這些主觀經驗。

（Kahneman, 2011 pp.20-21）

我們清醒時，系統一會自動運作。因此，我們即使不刻意想起，也會知道自己的辦公室在哪裡。

一般情況下，系統二也會進行低程度的運作，將系統一傳送過來的直覺、印象和衝動轉換成確信或行動。所以，我們才會循著往常的路線前往辦公室。

不過，當系統一發生找不到答案的狀況時，就需要系統二努力運作來解決問題。舉例來說，如果通往辦公室的路線禁止通行，就需要思考其他交通方式、做出最好的選擇[*1]。

我們的認知依靠自動化，就能順利無誤嗎？

到目前為止，我們已經透過機能或程序，瞭解了將認知歷程概括成「自動」和「控制」這2種模式的模型。自動歷程可以快速運作，也不太需要費力，算是比較輕鬆的方法。用基模和類別來分類對方或對象，如果剛好符合其他資訊，就會停止繼續處理資訊。而在系統一順利運作的時候，就不必驅動系統二。不過，我們很難在自動歷程中（或是只靠系統一的運作）處理完所有認知。

而且，自動歷程會產生**偏誤**（詳細後述）。「偏誤」是在特定的狀況下發生的系統錯誤，人人都會有這種經驗。

大家應該都被提醒過「要仔細檢查答案」或是「要好好考慮再選擇交往對象」吧？每次都在同一個地方出錯的數學計算問題、老是愛上同一種人而以失敗收場的戀情，在這種狀況下我們一定都是受到了偏誤的影響。

＊1　本書介紹了以雙重歷程理論為基礎的模型，其他還有在資訊處理上只預設了單一過程的理論（e.g., Kruglanski & Thompson, 1999）。這裡並不會詳細解釋這個理論，不過還是簡單介紹一下。單一過程模型的論點是在判斷他人的資訊時，就算有類別資訊、個別化資訊，也一律將它們視為證據，並不會加以區分。當判斷者認為這些有關聯，就會在處理過程中產生反應（指對那個人的判斷）。換言之，就是不需要像雙重歷程理論模型那樣，區分自動歷程和控制歷程。資訊處理究竟該預設2種過程還是單一過程，至今仍爭論不休，不過大多數的理論都是預設為2種過程。本書也是站在這個立場，來說明資訊處理的過程。

CHAPTER 2

名為偏誤的思考傾向

首先，要明白偏誤必定存在

提到**「偏誤」**（bias），或許會有人聯想到手工藝用品的「滾邊條」（bias tape）。滾邊條是將布料的織紋斜裁成45度角的布條。認知的偏誤可能是引用了布料偏斜的樣子，引申出「偏頗」的語義。稱作偏誤的思考傾向中，包含了很多種類。

PART 2會詳細說明關於他人印象的確認偏誤、暈輪效應、SIB效應；PART 3會詳述關於自我印象的自我評價維持理論；PART 4則會詳述關於團體印象的刻板印象及其影響。

這裡列舉3個可能會影響判斷的思考傾向。

①**歸因過程中產生的偏誤**。

②**預測將來和回想過去時產生的偏誤**。

③**有團體類別時的偏誤**（當中的一部分）。

若要說明這些概念，就必須提及社會心理學的理論和模型。因為在我們的認知歷程中，思考傾向並不會毫無理由或是突然出現。之所以會產生這個名為偏誤的現象，不僅其來有自，也有箇中含意。希望各位在理解這些現象以後，可以思索一下我們常有的思考傾向。不過，這麼一來會讓文章變得有點生硬。如果各位覺得讀起來很艱澀，可以在讀完PART4以後再度回到CHAPTER2這裡來。至於如何面對這種思考傾向，在PART5會帶大家一起思考。

思考傾向究竟如何影響我們的判斷

（1）歸因過程中產生的偏誤

推論事發的原因，稱作「歸結」。我們經常針對他人的行動做出這個反應。假設在擁擠的捷運車廂裡，有個人打算讓座。你看到這個行為，覺得那個人「很親切」。這時，我們就會把「讓座」的行為，歸結為行為者的「親切」特性。

這種歸結原因是怎麼做到的呢？對於這個過程已經有各式各樣的探討。這裡就著重於從行為來推論特性的過程，介紹在這個過程中加入資訊處理歷程後研究得出的2個模型——**「二階段模型」**（Trope, 1986）和**「三階段模型」**（Gilbert et al., 1988）（圖3）。兩者都預設了自動歷程和控制歷程這2個過程。

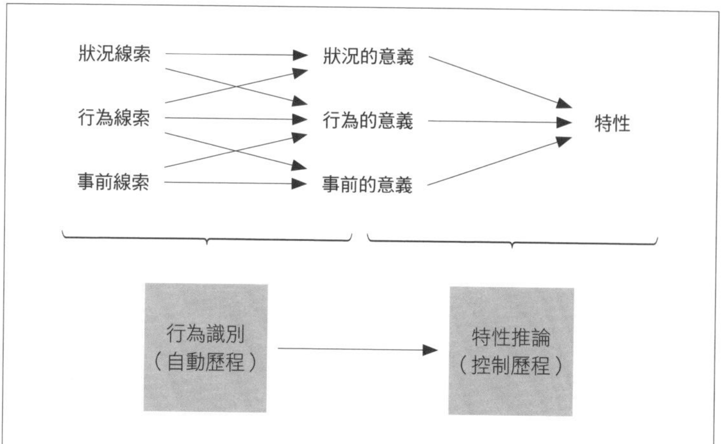

Trope的二階段模型

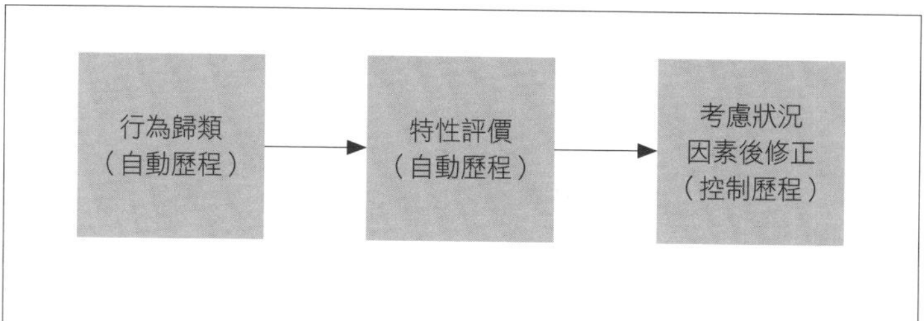

Gilbert的三階段模型

參照Trope（1986）和Gilbert（1988）製圖。

圖3. 特性推論過程的階段模型

特性推論過程的二階段模型

——皺眉頭的上司（是什麼樣的人？）——

首先，我們來談談二階段模型。這裡所謂的二階段，是指歸結過程中的**行為識別階段**與**特性推論階段**。

請大家看圖3上面的圖表（Trope的二階段模型）。在第一個行為識別的階段，會按照狀況線索、行為線索、事前線索，來分辨行為的意義。

首先是行為線索，請各位想像一個不怎麼有趣的場面：「上司皺著眉頭」。上司這個行為的意義，會受到狀況線索和事前線索的資訊影響。例如：是不是因為身為下屬的我交出了錯誤百出的文件而惹惱上司？（狀況線索的資訊）還是上司平常就愛發脾氣？（事前線索的資訊）。

如果上司是因為看到錯誤百出的文件，那當然會生氣，而且假如他平常就愛生氣的話，今天肯定也會生氣。於是，上司「皺著眉頭」的行為就可以認定是「正在生氣」。這就是行為識別的階段。

在第2個特性推論階段，會用到一開始的行為識別階段中所得的材料（上司正在生氣），將根據狀況線索預測的內容（狀況的意義）經過控制處理後刪減。若狀況是「給上司看了錯誤百出的文件」，上司自然會生氣。但是，不能因此推論上司本身「愛生氣」。狀況線索（錯誤百出的文件）在行為識別階段裡是採取「生氣」行動的加分材料；但是在特性推論階段裡，卻是刪去「愛生氣」特性的扣分材料。

也就是說，促進行動的狀況線索，在行為識別階段和特性推論階段當中，會產生相反的作用。

在這個模型裡，行為識別階段是不需要**「認知資源」**的自動歷程。所謂的「認知資源」，各位可以想成是人在思考和判斷時所具備的腦內資源。

自動歷程中不需要這種認知資源，就能夠明白對方正在生氣。把錯誤百出的文件交給老是生氣的上司、看見上司皺眉頭的表情，這些場面連想都不用想，就能立刻知道上司「正在生氣」。

但是，若要推論出上司「愛生氣」，還有更多探討的餘地，需要衡量各種狀況、排除不同狀況造成的影響。這道程序就會用到認知資源。

因此，特性推論階段屬於控制歷程。

特性推論過程的三階段模型

——讓文件散落一地的客戶公司業務員（是什麼樣的人？）——

這裡再介紹另一個模型。三階段模型（Gilbert et al., 1988）跟前面的二階段模型一樣，是預設了歸結過程的模型。

在三階段模型中，是由**行為歸類階段**、**特性評價階段**、**考慮狀況因素後修正階段**來構成歸結的過程。接下來會逐一說明各個階段。

請大家看圖3下面的圖表（Gilbert的三階段模型）。第1個行為歸類，是指思考他人行動的意義、加以歸類的階段。

假設我和客戶公司的業務員初次會面，對方從公事包裡拿出文件時不小心散落一地。我見狀後心想「他很慌張」，並將此一行為歸類。

第2個特性評價，是為行為和特性建立關聯的階段。我依據業務員「慌張」的行為，進而覺得他「很容易緊張」。

到這裡都是不需要認知資源的自動歷程。這個模型的論點，就是我們會根據可以觀察到的行為，立刻想像出對方的性格特性。

事情到這裡，我才想起對方是客戶公司最近剛來的新人。於是經過下一個考慮狀況因素後修正階段，我會開始想「這個業務員應該是還沒適應工作，才會這麼緊張吧」，於是把「容易緊張」的評價向下修正（降低）。

不過，這個階段是需要認知資源的控制歷程。因此，這時我們會考慮其他事情。如果認知資源不夠充分，可能就無法修正，或是導致修正程度不足。

我稍微談一下這和前面介紹的二階段模型之間的差別。

二階段模型在自動歷程中也預設了狀況線索的影響。剛才的例子中，針對上司憤怒表情的行為識別階段裡，考慮到了文件有錯誤這個狀況因素。

另一方面，在三階段模型裡，人在觀察他人的行為並歸類後，會自動推論出特性。換言之，直到自動歷程的特性評價階段以前，都不會考慮到狀況因素；在控制過程裡，則是會進行事後的考慮狀況因素後修正（降低或增長）。

從讓文件散落一地的業務員例子來看，我們會在特性推論過程的最後，才考慮到對方是新職員這一點。

到這裡，已經說明了根據他人的行為推論出其特性的歸結過程。2個模型都指出，資訊在過程中具有自動處理的階段。

因為會經過自動歷程，也就是快速處理資訊的情況，我們在特性推論時才容易發生謬誤和偏誤。後面會再介紹其中幾種謬誤。*2

基本歸因謬誤

——「在工作中犯錯的下屬」與「以上司身分見證錯誤的我」之間的歧異——

將他人行動的原因，過度歸咎於特性、態度、能力等他人內在因素的現象，稱作「基

本歸因謬誤」（Heider, 1958）或**「對應偏誤」**（Jones & Davis, 1965）。

舉例來說，假設下屬在工作中犯錯。如果你是上司的話，會如何思索他犯措的原因呢？在能夠合理想到的範圍內，你可能會覺得原因出在「他沒有認真處理」，或是「他的能力低落」。

我們都會像這樣，把下屬犯的錯誤歸咎於他本人。但事實上，可能是我們對工作下了錯誤指示（也就是上司本身的失誤），我們卻不太會考慮到這種狀況因素的影響。

在探討這個謬誤的研究當中，已經釐清了容易產生謬誤與不易產生謬誤的情形。

例如：**我們看見他人的行動時，若是本身正處於正向樂觀的情感狀態時，就很容易產生謬誤**（Forgas, 1998）。因此，當我們正因為工作以外的事情而感到心情愉快，就會不假思索地將下屬的錯誤歸咎於他本人。

此外，**當我們認為他人的行為具備其他動機時，就不易產生謬誤**（Fein et al., 1990）。因此，假使下屬順從身為上司的你所說的話，你就會認為下屬贊同你；然而，如果下屬順從你的動機是為了巴結你，就不能將他的行為（順從）和態度（贊同）連結起來了。

行為者－觀察者效應

——「以下屬身分在工作中犯錯的我」與「見證錯誤的上司」之間的歧異——

前面已經說明過，**我們容易根據他人的「特性」來評斷他的行為，卻會將自己本身的行為歸咎於「狀況」使然**。

請各位將剛才的例子換個立場思考看看。

假使是你在工作上犯錯，你會不會認為是上司的工作分配不均、害自己的負擔比同事要沉重許多，或是認為上司的指示不夠清楚，怪罪於狀況或是課題呢？但是，上司卻認為下屬犯錯的原因是出在不夠努力或能力低落。

這種**行為者**（身為下屬的我）**和觀察者**（上司）**之間的歸因歧異**，稱作**「行為者－觀察者效應」**（Jones & Nisbett, 1987）。如果在職場上真的發生了這個現象，可能會導致我們和上司的關係惡化。

不過，在探討這個現象的173項研究結果的綜合性分析報告中，指出行為者和觀察者的歸因歧異其實並沒有那麼大。而且，報告中還提到，這個**歧異會發生在負面的情況，但**

不容易發生在正面的情況（Malle, 2006）。

也就是說，行為者－觀察者效應的對象，主要是自己在工作上犯錯之類的情況。**特別是在負面情況下，人會把自己的行為歸咎於狀況**。這一點也和接下來要介紹的「自利性偏誤」有關。

自利性偏誤

——以團隊從事的工作獲得成功時——

當人遭遇失敗時，會將自己的行動歸因於狀況使然；相對地，獲得成功時，則會歸因於自己的努力。這些想法都是在迎合自己，所以稱作**「自利性偏誤」**（Miller & Ross, 1975）。下屬之所以覺得工作失敗要怪上司沒做好指示，成功則是因為自己的努力、能力很強，就是出於這個偏誤。

自利性偏誤往往會發生在和同事合作、以團隊成員的身分投入工作的情況。倘若工作獲得成功，雙方都會把結果歸因於自己、認為自己比對方的貢獻更多。

像這樣，**對於2人以上創造出的成果，把自己的功勞評估得比實際上要更高的觀點，就稱作「自我中心偏誤」**（Ross & Sicoly, 1979）。另一方面，倘若工作失敗了，雙方都會怪罪於狀況不佳，將對方的責任估得更高。

如果在職場上發生這種現象，你可能就會覺得自己對成功的貢獻比同事要多，卻沒有獲得相應的評價，或者是覺得失敗都要怪同事、自己卻受到牽連。這不僅會破壞你和同事的關係，你也會對上司及周遭的人感到不滿。

（2）預測將來和回想過去時產生的偏誤

事情一定會順利　──預測將來──

我們會把自己的特徵和能力，看得比實際上更厲害（Taylor & Brown, 1998）。關於這種樂觀的自我感覺，在PART3會再詳細說明。而這個觀念會衍生出一個現象，就是高估自己將來創造出正面情境的可能性。

人會建構出迎合自己的因果理論，或是評估符合該理論的證據。不停重複這個行為後，就會產生樂觀的信念，相信自己會創造出正面的情境，而不會引發負面的情境。這種傾向來自於由動機導出的認知歷程（Kunda, 1987）。

保持樂觀也有好的一面（這件事千真萬確，在PART5會詳細說明這一點）。

然而，樂觀也會對我們造成不良影響。比如說要是低估了生病的可能性，就無法掌握迴避的方法；要是低估了遭遇災害或犯罪的可能性，就會放鬆警覺和防備。我們都會不知不覺地盲目相信「我沒問題」，但現實並非如此。

時間應該綽綽有餘——計畫錯誤——

對將來的樂觀預期，會將完成課題所需的時間預估得太短，這種現象稱作**「計畫錯誤」**（Buehler et al., 1994）。

假使下個星期必須將交給A公司和B公司的提案書做好。這時，我們大多會想「2

家各花1個禮拜的時間就夠了，這週先做好A公司的資料吧」。但是，這週過完以後，才發現給A公司的提案書根本沒做完，也無法處理B公司的資料。

應該很多人都有過類似的經驗吧？學生時期的考試、下個月的工作資料等等，照理說都應該更早準備妥當才是，結果卻事與願違。

但我們從來學不會教訓，因為我們的樂觀心態也同樣在作用。

我早就知道了——回想過去——

預測將來會產生偏誤，解釋過去也一樣會產生偏誤。其中一個現象，就是**人在得知事情的結果時，遠比不知道的時候，更深信自己準確預測到這個結果發生的可能性，**這個現象稱作**「我早知道了心態」**（Fischhoff & Beyth, 1975），也稱作**「後見之明效應」**（Christensen-Szalanski & Wilham, 1991）。

當事情的結果揭曉後，我們都以為自己可以預測到這個結果。

例如：某人聽說A在一場有5名企畫人員參加的競賽中脫穎而出，於是便說：「我一開始就覺得那個企畫會入選了！」即使他在事前做出了截然不同的預測，記憶也會被扭曲，並認為自己一開始就預測到了結果。

不過，探討這個現象的122項研究結果的綜合性分析報告中，指出這個效應其實並沒有那麼強大（Christensen-Szalanski & Wilham, 1991），可能會因為狀況而變得不明顯。尤其是後見之明效應，對於根本沒發生的事情，其影響會更小。

另外，如果是實際經驗過整件事（例如：在運動比賽上親眼目睹某隊伍輸掉），產生的效應也比未經驗的時候更小。除此之外，如果具備該事件的專業知識（例如：醫師被人詢問疾病時），產生的效應也比不具備專業知識時要小。

這種結果暗示了這個現象是出於認知因素，更勝於動機因素。

也就是說，我們之所以覺得「我一開始就知道結果會是這樣」，可以歸因為我們相信自己有傑出的預測能力（動機性理由）；不過更有可能是因為，我們根本不記得自己以前是如何預測結果的（認知性理由）。

（3）有團體類別時的偏誤

這裡要介紹群體認同相關的理論，以及團體歸類會造成的偏誤（前面提到，其他與團體印象相關的理論會在PART 4說明）。

我們和我們之外——團體歸類——

假設包含自己在內的許多人，分成2支隊伍來一場運動比賽。抽籤分配隊伍後，就會形成自己所屬的隊伍和對手的隊伍。這就是經過團體歸類後的狀況。同隊的成員稱作「內團體成員」，另一支隊伍的成員則稱作「外團體成員」。

當團體經過歸類後，我們就會放大認知類別內的相似性。也就是說，**我們會認為敵隊成員都很像，自己隊伍的成員在重要的地方上也很相似**。同時，我們會放大認知類別之間的差異。**認為自己的隊友和敵隊的人完全不同**，就是這個道理。

社會性認同理論，就是論述我們對這種團體歸類伴隨而來的**「團體內相似性」**與**「團體差異化」**的認知（Tajifel & Turner, 1979）。這個理論主張，即便是透過抽籤湊巧分配而成的隊伍，我們也會產生這種內團體和外團體的認知。

我是哪裡的什麼人——自我歸類——

團體歸類會孕育出社會性認同，不只會造成我們對各個團體的認知差異。**當我們對內團體產生認同感，就會開始以團隊成員的身分，採取適當的行動和符合期待的行動。**而這些行動會成為自己的規範，並逐漸內化。這就是**「自我歸類理論」**的主要論點（Turner, 1987）。

團體歸類的理論中，也談到我們如何將自己歸類到哪個團體。在現實社會裡，我們不是單一類別的成員，而是隸屬於多個社會性的類別。

例如：對包含上司在內的公司管理階層來說，我可能是其中一名下屬；對A公司的客戶來說，我是B公司的職員；在週末的網球俱樂部裡，我是雙打C組的隊員。

類別有千百種，我們會依照狀況來改變歸類自己的團體。

因此，當我和另一支雙打隊伍打網球比賽時，我的身分便是「C組的我」，這時就不會進行下屬和B公司職員的自我歸類。

讓自己所屬的團體得利 ——內團體偏私——

在有團體區別的情況下，我們通常會偏心內團體的成員。因此**分配某些資源時，就會拉大內團體和外團體的分配差異（分配較多給內團體）**（Tajfel et al., 1971）。

舉例來說，當自己的團隊和其他團隊共用一間辦公室時，我們會分配較大的空間給自己的隊友。就算是透過抽籤分配、在還不具備團體特徵的情況下，也是一樣。

只要團體有所區別，就會產生**內團體偏私**，尤其是對內團體成員懷有善意，或是高度認知到內團體重要性的時候，這個傾向會更強烈。

例如：屬於少數派團體；或是目前所屬團體擁有比其他團體更大的優勢，但這種關係可能逆轉的時候。

外團體的成員都是同類型的人 ——團體同質性——

剛才提到，我們會放大認知類別內的相似性。當我們同等看待內團體的所有人時，可能會覺得內團體的成員彼此相似。

除此之外，在某些狀況下，我們**對於外團體的多樣性，會認知得比內團體要來得少**（Quattrone & Jones, 1980）。也就是說，儘管自己的團隊裡有形形色色的人，我們卻覺得敵隊的成員都是同種人，這就稱作**「外團體同質性效應」**。這個效應會導致我們對外團體建立一套固定的看法，也就是刻板印象。

扯後腿的成員 ——黑羊效應——

認知到內團體的同質性，有時候會導致我們低估不討喜的內團體成員，想要切割無法融入自己團隊的東西。

為了確定內團體的優勢，我們在比較內團體和外團體時，**對內團體的優秀成員的評價，會比外團體的優秀成員高；對內團體的劣質成員的評價，會比外團體的劣質成員**

低，這就稱作**「黑羊效應」**（Marqus et al., 1988）。我們在展現內團體偏私的同時，也會像這樣否定內團體的成員。

至此，已經介紹了好幾種我們會有的思考傾向。或許已經有讀者察覺了，這些現象並不只是稱作偏誤，也會稱作效應。這是將研究者的原始論文和著作中的「effect」譯成「效應」的緣故。提到效應，可能帶有類似效能的語感，但是在語義上，應該比較接近思考傾向對判斷造成的「影響」。

無論如何，這代表了無法用會給人負面印象的「偏誤」一詞，將這些現象一概而論。

言歸正傳，不知道各位是否能夠接受前面提到的這些思考傾向呢？還是說，你覺得自己並沒有這些傾向？

應該會有人覺得：「雖然我自己也會這樣，但別人（可能會舉出具體的名字，例如上司之類的）更嚴重！」如果你是這麼想的，其實也是受到了偏誤的影響。

我們往往會認定「別人的偏見比自己深、更容易受到偏見影響」（Pronin et al., 2002）。

換言之，這種想法也是我們的思考傾向。

＊2　本書主要談論的是與他人、自己、團體的印象有關的偏誤。除此之外，也探討了很多在決策上的啟發方法。也就是當我們採用了單純策略（Tversky & Kahneman, 1974），以便對自己無法正確評價的對象做出判斷時，所產生的偏誤。例如：我們將可用的資訊用於判斷之際，會因為資訊的聯想程度所造成的影響而產生偏誤。此外，還有相較於單一事件發生的機率，我們會更高估2件事同時發生的機率……諸如此類的偏誤。另外，我們在決策上，也會出現帶有獲利和損失的不對稱性（Kahneman & Tversky, 1979），此即情感效價的偏誤。

PART

2

如何建立「他人」的印象

CHAPTER 3

你有識人的能力嗎？

人際認知中容易發生確認偏誤

問題　你覺得自己「有識人的能力」嗎？
請從下列選項中，選出最符合自己想法的選項。

1. 根本沒有
2. 大概沒有
3. 不太有
4. 有一點點
5. 大致上有
6. 一定有

這個問題並沒有正確答案，只要思考一下你自認瞭解他人到什麼程度就可以了。

或許，有些人在讀完本書的PART1以前，和現在選的是不同的選項。前面已經介紹了幾個人類共通的思考傾向。只要在合理的思索範圍內，我們就會傾向於認為別人的失敗是「他自己的錯」，或是認為「自己的團隊比其他團隊更優秀」。這麼一想，各位對自己識人的信心，說不定就會稍微動搖了。

CHAPTER 3要來說明其中一個思考傾向，就是在人際認知上的**「確認偏誤」**。

所謂的確認偏誤，是指**認知者會以符合信念、期待或假設為前提，去搜尋資訊並加以解釋**（Nickerson, 1998）。此外，**資訊的記憶也會受到這種信念和期待的影響**（Costabile & Madon, 2019）。

換言之，我們對他人會先有「那個人很○○」的想法，再從關於對方的資訊裡尋找與這股信念相符的訊息。而且，我們會把對方行為的意義，解釋成符合這股信念，或是只記住對方的各種行為當中符合信念的行為。

人之所以會像這樣收集對自己有利的證據，是想要確認自己的信念正確無誤。

確認偏誤會影響資訊處理的各種階段，所以我們才會誤以為自己信念的正確性已經得到客觀驗證。結果，信念就會逐漸鞏固。

事實上，我們應當尋找不符合信念的證據（反證事例），來檢驗自己的信念是否正確，但我們的思緒往往不會朝否定自己的方向發展。

這裡我們就從社會心理學的研究結果，來思索一下在搜尋、記憶、解釋、預測這些資訊處理的階段當中，我們會如何確認自己的信念。

而在介紹每項研究以前，我先稍微說明一下社會心理學的研究是怎麼進行的。

本書提及的研究，大多使用了實驗這個方法。參加實驗的人稱作受試者，不過在大部分的情況下，受試者並不知道研究的真正目的，就直接參與課題。有些研究會在課題中設計好幾種模式，請受試者從事其中任一種。

例如：受試者有100人，課題分成A和B這2種模式。研究人員會讓50人進行A課題，另外50人進行B課題。受試者並不知道有人做的課題和自己不同，因為要是知道，就會影響到實驗結果。

不過，要是研究者認為影響不大，就可能會讓同一名受試者都進行A和B課題。這麼一來，A和B課題都能取得100份樣本資料。

不論是哪一種情況，實驗中途或實驗之後，都會觀察並測試受試者的態度和行為，探討他們會因為A和B課題而有什麼不同的表現。

這個例子是最簡單的研究設計，實際上大多會進行更複雜的程序。如果要在盡可能接近日常的狀況下做實驗，就一定會變得很複雜。因此本書在說明過程中，會多少省略一些程序。

那麼，關於資訊處理中的確認偏誤，我們就用人事招聘的面試當例子來解說。

你想要找什麼？ —搜尋資訊階段—

相信很多人在入學考試或就業求職時，都有過面試經驗吧？或許也有讀者在人員遴選等場合中擔任過面試官。

在企業的人員遴選中，一般都會經過應徵履歷、筆試、團體討論、面試等關卡來審核。之所以會用這麼多種手段，是為了檢驗應徵者的能力、技能、職業觀、態度等各個面向。尤其是面試，大多會進行好幾輪，作為遴選的重要方法。

面試官可能會參照應徵者繳交的資料、已經應試結束的測驗結果等資料來進行面試。不過，**面試官要是因為這些資料的內容，而對應徵者有先入為主的印象，可能就會影響面試中的提問，也就是對應徵者提出確認印象的問題**。

接下來，就要介紹探討這種確認性的資訊探索相關研究（Trope & Thompson, 1997）。從現在起，希望各位能以自己是實驗受試者的心態來閱讀。

這項研究中，會委託受試者調查2位目標人物對特定社會問題的立場。他們總共可以對目標人物提出5道是非題，但不得直接詢問對方的立場。

以面試的場合來看，受試者就是面試官，目標人物則是應徵者。面試中只能提出5個問題，因此要將5個問題分配給2名應徵者。

受試者已事先取得關於目標人物的資料。資料有幾種版本，其中一個版本是一位目標人物是素食者，另一位目標人物則是電視節目製作人。

受試者必須釐清的是，目標人物是否反對「為了取得毛皮而屠殺動物（殺死家畜類）」，或是「政府對電影產業的審查」。而根據其他受試者事先實施的初步調查，已經確定素食者反對屠殺動物，電視節目製作人則是反對政府審查。

比較各個受試者的提問數以後，發現在探討對於屠殺動物的立場時，他們對電視節目製作人提出的問題比素食者多；另一方面，在探討對於政府審查的立場時，他們對素食者的提問數比對電視節目製作人多。由此可知，受試者可能從事先取得的資料推測出目標人物的立場，進而想要尋求更多資訊。

在下一項研究中，則要求受試者對1名目標人物提出2個問題。分析提問的內容後可以發現，受試者大多是為了確認自己從目標人物的資料中推測出的立場。

我們都認為自己的信念千真萬確，而且如果獲得收集資訊的機會，就會設法搜尋出能夠確定這股信念的資訊。

接著，請各位把這場研究的受試者換成面試官、目標人物換成應徵者來思考一下。

假設面試官取得了應徵者曾擔任「團隊運動隊長」的資料，而面試官對這個類別懷有「外向」的印象。

面試官可能會因此判斷，應徵者在各個場面的行為都很外向，並不會向應徵者詢問這件事；即使問出口，提問方式可能也帶有確認性質，像是：「你很擅長與人交流嗎？」

你記得自己都在注意什麼嗎？ —編碼記憶階段—

我們會記住五花八門的資訊並儲存在腦海裡，需要時再拿出來用於判斷。這裡我們就來探討在資訊的「記憶階段（編碼）」和「想起階段（檢索）」中，我們會如何確認信念。

各位就和剛才一樣，想像一個面試的場景。面試官在關於應徵者的諸多資訊裡，可能會更傾向於記住確認自己信念的資訊。

接下來，將介紹探討這種選擇性編碼的相關研究（Lenton et al., 2001）。

研究中，會給受試者75個詞彙清單，並要求他們背下來。一半受試者拿到的清單裡，含有15個與男性刻板印象有關的詞彙（法律專家、士兵等）；另一半受試者的清單裡，則是含有15個與女性刻板印象有關的詞彙（祕書、護理師等）。

等受試者看完清單後，再請他們做3分鐘與清單毫無關聯的課題。

之後，研究人員會給受試者另一份有46個詞彙的清單，並詢問他們這裡面有哪些詞彙包含在一開始背誦的清單裡。實際上，46個詞彙裡只有10個詞彙是出現過的，其他36個則是與原始清單裡不同、形容男性刻板印象或女性刻板印象的職務和性格詞彙（例如：圖書館員、溫暖的等女性刻板印象相關詞彙）。

檢視受試者的回答之後，發現其中有很高的比例都回答第2份清單裡「有」原始清單中的詞彙。

但問題在於受試者出現了以下錯誤。他們將符合男性或女性刻板印象、但原始清單中並不存在的詞彙，也回答「有」。例如：受試者在背誦含有女性刻板印象相關詞彙的清單後，誤以為第２份清單裡初次見到的「圖書館員」一詞，在原始清單裡也有。

這就代表**我們會傾向記住符合自己信念的東西，連實際上並不存在的東西，也以為自己記住了**。

請各位將這場研究的受試者，替換成前面提到的面試官。面試官對於身為「團隊運動隊長」的應徵者，可能會傾向於記住符合「外向」這個印象的特質。而且，就算應徵者實際的言行中沒有展現出來的特質，面試官也可能會錯誤解釋成符合外向的印象，而認為他「有」這些特質。

舉例來說，在關於社會性活動的提問中，應徵者回答「我當過公益活動的志工」。面試官之後想起應徵者的回答時，可能就會記成他是「與許多人同心協力」參加公益活動。應徵者參加的活動內容可能是獨力作業，但面試官卻會以符合「外向」印象的方式回想起來。

你會回顧哪些事？－檢索記憶階段－

前面說明的是我們在記住事物時，記憶可能會受到已獲取的資訊影響。其實，對於已經記住的東西，在事後補充資訊的情況下也可能發生記憶問題。後面就來介紹探討這個現象的研究（Snyder & Uranowitz, 1978）。

研究中，讓受試者閱讀一篇文章，文章描寫一位名叫貝蒂的女生，並要求他們說出對她的印象。這篇文章談的是女性從出生到選擇職業的故事，其中也包含了後面這段。

她在高中時期並沒有固定交往的男朋友，但她會出門約會。

讓受試者讀完這篇文章後，再告知他們貝蒂是「同性戀」或是「異性戀」，其中也有受試者沒有獲得這些資訊。

等實驗實施完1週後，研究人員會請受試者回答對這篇文章的記憶問題，請他們從4個選項中選出正確答案。

以下是問題範例：

貝蒂在高中時，
（a）偶爾會和男生約會。
（b）沒有和男生約過會。
（c）曾和特定的對象約會。
（d）無從判斷。

分析結果後，發現當初得知貝蒂是同性戀的受試者，比起當初得知她是異性戀和不知情的受試者，更偏向於選擇符合同性戀印象的選項。

研究中也嘗試讓受試者不是在讀完文章後馬上得知，而是等到1週後做記憶測驗前才告訴他們貝蒂是同性戀或異性戀，而這種情況下也得出了和前者相同的結果。

也就是說，人不管是在剛記住、還是在快要回想起來以前，記憶都會因為獲取的資訊而重新建構。

由此可見，**我們會想起符合自己信念的記憶**。

假設面試官在結束應徵者的面試後，才在履歷表上看到「團隊運動隊長」這個資訊。事後當他回顧面試過程時，想起的就會是符合這個印象的事情。而且，可能還會「想起」實際面試時根本沒有聽過的事。

你理解了哪些事？ —解釋資訊階段—

如果有很多人來應徵，每一次面試就不能花太久時間，面試官必須在短時間內瞭解應徵者。這時，**面試官可能會將應徵者的言行舉止，解釋成符合自己的印象**。

後面就來介紹探討這種解釋資訊的相關研究（Kulik, 1983）。

首先，研究人員會請受試者觀看影片。在這之前，他們會先聽到這段說明：「影片是以前在研究社會交互作用時錄下的影像，裡面的登場人物（目標）是第一次見到對方，但其實那個見面的對象是受過訓練的研究幫手。」

影片實際上製作了8個版本，受試者只會看到其中一個版本。各位可以參照下一頁的圖4，瞭解如何區分受試者的條件。

	A （和對方談話） 目標人物的舉動	B （開始等待） 和誰一起等待	C （等待過程中） 等待時是否交談
	外向or內向	規範（對方）or 非規範（未知人物）	社交or非社交
1	外向性條件	規範條件	社交條件
2	外向性條件	規範條件	非社交條件
3	外向性條件	非規範條件	社交條件
4	外向性條件	非規範條件	非社交條件
5	內向性條件	規範條件	社交條件
6	內向性條件	規範條件	非社交條件
7	內向性條件	非規範條件	社交條件
8	內向性條件	非規範條件	非社交條件

參照Kulik（1983）製圖。

圖4.實驗中使用的影像

研究中使用的影片分成A～C共3段，各段內容如下所述。

一開始是A段，播放的是目標人物在實驗室裡的情景。有一半受試者看見的是目標人物向對方表現出外向的舉動，或是談論外向的話題（外向性條件）；另一半受試者看見的是目標人物向對方表現出內向的舉動，或是談論內向的話題（內向性條件）。

下一段的B影像中，播放的是目標人物離開實驗室後的情景。有一半受試者看見目標人物和對方一起離開實驗室、等著準備下一場研究的情景（規範條件）；另一半受試者則是看見目標人物獨自離開實驗室、和未知人物一起等待的情景（非規範條件）。

最後一段的C影像中，播放的是目標人物正在等著準備實驗的情景。有一半受試者看見目標人物和一起等待的人交談（社交條件）；另一半受試者則是看見目標人物沉默不語的樣子（非社交條件）。

為什麼在B段裡，目標人物和對方一起等待的條件要稱作「規範條件」呢？因為和已經認識的人在等待中交談，一般來說是屬於有規範的行為。

影片結束後，研究人員會詢問受試者，為什麼目標人物在等待期間會做出那樣的舉動，也就是徵詢他們認為的行為「原因」。

分析受試者的回答後，發現無論是否為規範條件，外向性條件比內向性條件更容易使受試者將目標人物不符印象的非社交行為歸因於狀況；而內向性條件比外向性條件更容易使受試者將目標人物不符印象的社交行為歸因於狀況。

此外，外向性條件會使受試者將符合印象的社交行為歸因於性格；內向性條件也會使受試者將符合印象的非社交行為歸因於性格。

總而言之，在等待時間內，外向的人不和一起等待的人交談、內向的人與他人交談，受試者會把這些行為歸因於狀況；外向的人與他人交談、內向的人不與他人交談，則是歸因於性格。

由此可見，**我們會將資訊解釋成符合自己的信念**。

因此，面試官看見身為「團隊運動隊長」的應徵者做出富社交性的舉動，就會認為那是起因於他本人的外向性格。

如果這位應徵者表現得很緊張，面試官則會認為是面試的狀況影響了他。所以，面試官會把應徵者看成是「雖然他今天表現得很緊張，不過在一般狀況下應該可以表現出社交的一面」。

那麼，如果面試官對其他應徵者產生內向的印象時，又會怎麼樣呢？

答案很簡單，即使其他應徵者同樣表現得很緊張，面試官卻不會像剛才那麼想，可能會直接認定是他的性格很內向。

你預見了什麼？－預測階段－

人員面試中最重要的，應該是預測應徵者在錄取後會發揮什麼樣的績效吧！

關於將來行動的預測，在前面的研究（Kulik, 1983）當中也曾探討過。

這次，會請受試者預測影片裡的目標人物，在另一種狀況下會做出什麼舉動。狀況如下：

> 目標人物在等電梯時，遇見他可能認識的人。雖然他並不確定，但覺得以前好像見過對方。不過，對方似乎並不知道他是誰。

接著詢問受試者，目標人物會不會開口問對方：「我們是不是見過？」

分析受試者的回答並詢問背後原因後，發現如果受試者會將「外向目標人物的非社交行為」和「內向目標人物的社交行為」，解釋成是基於狀況才會採取不符合印象的行為，那麼在這次的情境裡，他們就會認為目標人物應該會採取符合性格印象的行為。

換言之，認為「目標人物很內向，但因為是和一起做實驗的人等待，所以才會在等待時間內做出社交舉動」的受試者，在這次的情境裡，就會認為目標人物應該不會主動詢問不確定是否認識的對象「我們是不是見過」了。

受試者認為是狀況導致目標人物在等待時間內做出不符合印象的行為，而在沒有狀況影響的時候，就會預測目標人物做出符合印象的行為。

可見**我們會依照自己的信念，去預測他人的行為**。

回到面試的例子，面試官會預測身為「團隊運動隊長」的應徵者，在錄取後能展現出交際手腕；對於他認為很內向的另一位應徵者，則是會根據對方具備在面試中緊張的性格，而推測對方在工作上也不善於溝通交流。

即使兩者的行為相同，面試官仍會依照他們的印象「解釋」成不同的含意，而且還會「預測」他們在其他狀況下做出符合印象的行動。

到這裡為止，探討了當我們對他人的社會類別資訊產生某些信念（例如：團隊運動隊長都很外向）時，這股信念會如何影響自己處理對方的資訊。

這邊整理一下資訊處理各個階段中會產生的影響。

當人根據信念進行推測時，便不會再搜尋更多資訊，或者搜尋更多符合信念的資訊以求驗證並記憶下來。人會將資訊解釋成符合自己的信念，並進行符合信念的預測。

剛才舉的例子是「團隊運動隊長」，其實在我的研討會裡，就有一名學生擁有相同經驗。他的研究發表總是做好萬全準備，討論時也能講出十分犀利的意見。不管課外活動的練習再忙碌，他還是能夠讀完好幾本論文、善用從中獲得的靈感來計畫、進行實驗。

到了畢業求職的時期，那名學生告訴我：「我在面試時，老是被問參加比賽和當隊長的經驗。」

如果面試官詢問他的求學和畢業論文經驗，就能知道他也很認真投入研究、在分身乏術的狀況下也能面面俱到，瞭解他在各方面的表現。

然而，當面試官詢問他當隊長的經驗時，他就很難主動提出：「我在運動比賽上很努力，但讀書也很努力。」

面試過程中，會呈現出每一位應徵者的多樣資訊。正因為應徵者的人數眾多、需要處理的資訊也很多，所以面試官在決定是否錄取時，更有可能受到前面介紹過的確認偏誤所影響。

各位或許曾在人事相關的面試中當過面試官。即便不是面試，也應該都有評斷他人的經驗吧？因此，我想再問一次本篇開頭問過的問題。

你覺得自己有識人的能力嗎？

CHAPTER 4 你能夠瞭解別人的心思嗎？

人會如何推論他人的心理狀態？

我們會想要正確理解別人的本質，因此會適當地分析關於對方的資訊。

話雖如此，我們在處理資訊的過程中，會不知不覺地受到信念所影響。這點在CHAPTER3已經介紹過了。

那麼，我們對於別人的想法或感受，能夠正確瞭解到什麼程度呢？

推論思緒和情感，也就是推論心理狀態，在各個場面都十分重要。

例如：我們在平常的溝通交流中，就必須考慮對方的心情；在工作上面對顧客和交易對象時，也需要體察對方的意向。

其實，我們從小就接受了這種技能訓練。

請各位回想以前在上國文課和考試的情景。

閱讀測驗中，常常會出現「請問○○在這個時候有什麼感受？」、「為何○○要採取這種行動？」這種類型的問題，要求我們推論文中人物的心情或想法。

為什麼推論他人的心理狀態這麼重要呢？

因為我們會依據推論出的內容來決定自己的舉動。

舉例而言，我們會推測客戶的要求，更改提案的企畫內容；在家裡察覺另一半的心情惡劣，就會自動自發地做家事。這些對應推論的舉動，大多很有益處。

處理人際關係上，推論心理狀態也很重要，但有時也會失敗。

例如：在玩撲克牌或桌遊時，需要讀出對方的策略，只要讀錯就輸了；在透過談話來猜測他人的職務或立場的遊戲中，也可能受騙上當。

若只是玩遊戲倒還無妨，但要是在日常生活中推論失敗的話，就會衍生出各種問題。

例如：一份不符合客戶需求的企畫，不管簡報做得多麼用心，最後也不會成功通過；出於好意做事，卻給伴侶添麻煩，反而會害對方的心情更加惡劣。

不僅如此，有些失敗的推論甚至會讓人遭遇詐騙等犯罪，得不償失。

本篇會透過研究，看我們如何推論他人的心理狀態，以及為何會推論失敗。

這個人應該是這麼想的 —推論時的常民理論策略—

我們往往會將「特定社會類別」和「特定特徵」連結在一起。CHAPTER3範例中的面試官，就是對「團隊運動隊長」這個類別產生了「外向」的印象。實際上，不可能有人調查過所有團隊運動隊長的外向和內向程度。但是，這種偏見會以「○○就是○○」的論調套用，影響到對應徵者的判斷。

推論他人心理狀態的其中一個方法，就是這種單純的**「常民理論」**。常民理論未必是壞事，PART5會更詳細地解說。然而，這個理論會不時影響資訊的處理，導致判斷謬誤。

假設某部門的上司看了剛錄取的新職員履歷（團隊運動隊長），覺得這個新人很外向，因此認為新職員「如果工作上遇到困難，應該會主動來報告」，或是「他什麼也沒告訴我，看來工作應該很順利」。

但是，這名新職員其實非常內向。他不知道該如何處理工作上面臨的問題，卻又不找別人商量，獨自鑽牛角尖。

某天，那名新職員突然說「我不適合這份工作，我要辭職」，上司吃了一驚、責怪對方：「為什麼不早點找我談？」但真正的問題在於上司應當確認新職員的工作內容和進度、善盡管理階層的職責，卻因為常民理論造成的判斷，讓他疏忽大意、沒有這麼做。

那個人應該也是這麼想的 —推論時的模擬性策略—

在開始介紹下一個理論前，請各位先回答這份問卷。

問題1　請選出符合自己的項目。

你是A還是B呢？

1. A害羞　B不害羞
2. A喜歡全麥麵包　B喜歡白麵包
3. A容易沮喪　B不容易沮喪

問題2　請選出符合一般人的項目。

你覺得符合以下敘述的人占多少比例呢？

1. 害羞的人　（　）%
2. 喜歡全麥麵包的人　（　）%
3. 容易沮喪的人　（　）%

（修改自Ross et al., 1977。）

這是某項研究（Ross et al., 1977, Study 2）的受試者填寫的部分問卷內容。不過，該研究的受試者為大學生，因此問題2是詢問「一般大學生」的情況。

這場實驗中，有一半的受試者先回答自己的狀況，再回答一般大學生的狀況；另一半受試者的回答順序則相反。

分析這些答案後可以發現，無關回答問題的順序，認為自己是A的人比認為自己是B的人，更高估他人在A類別所占的比例。換言之，認為自己「害羞」的人，也會覺得大多數人都是「害羞」的。

我們傾向於認為別人和自己有相同的看法或感受，這種偏誤就稱作**「錯誤共識」**。我們的判斷之所以會產生這種影響，是因為在推測別人的心理狀態時，會投射自己的心理狀態，模擬出「我覺得○○，所以對方應該也會覺得○○」的心理。

我們經常使用**「模擬性策略」**，並深受其影響。有一項研究（Krueger & Clement, 1994）為了減少錯誤共識的影響，做了以下的探討。

研究中，將受試者分成4組。

第1組並沒有預先得知任何訊息，僅根據自己的態度與推測一般大眾的態度，來回答40個問題（控制條件）。

第2組會預先得知「人人都以為大家和自己抱持相同的態度」，再回答同一套問題。也就是一開始先讓他們知道偏誤的存在（教育條件）。

第3組則是先推測他人的態度後，再看解答，可以看到每一題的正確數據。讓他們藉由得到自身回答正確度的回饋，逐漸消除偏誤、修正判斷（回饋條件）。

第4組是同時接受教育條件和回饋條件。

分析受試者的答案以後，發現接受了偏誤認知教育的情況（第2組）、接受了答案正確度回饋的情況（第3組），以及兩者皆有的情況（第4組），結果並沒有差異。這幾組的受試者都和第1組一樣，會將自己的態度投射到別人身上。看來這種傾向難以修正。

由此可見，將自己投射在他人身上的傾向堅如磐石。而這種傾向具有動機上的理由和認知上的理由。

「動機上的理由」意即認定自己擁有的是正確、良性的態度。這關係到人具有想要正面看待自己的目標（這點會在後面的PART3中詳細說明）。

另一方面，**「認知上的理由」則是基於方便，人會把對自己心理狀態的認知套用在他人身上，藉此減輕認知負擔。**

我們在推測別人的心理狀態時，會同時受到動機上的理由和認知上的理由影響。根據狀況不同，有時其中一方會比較容易發揮作用。

那麼，這種投射的影響是透過什麼過程產生的呢？只要能夠詳細瞭解這個過程，或許就能避免將自己的態度過度投射到他人身上。

請各位回想一下PART1說明過的「特性推論過程的三階段模型」（Gilbert, et al., 1988）。在自動歷程的行為歸類和特性評價之後的第3個階段，預設了可控制的修正過程。我們在使用模擬性策略的時候，也具備這種自動歷程和控制歷程。

換言之，我們在推論別人的心理狀態時，會先以自己的心理狀態為基準，再考慮自己和別人的差異並加以修正。在這個領域裡，會將自動取得基準的動作稱為「錨定」，控制性的修正則稱作「調整」。

錨定與調整原本是作為判斷上的捷思法（Tversky & Kahneman, 1974），不過也可以用來說明這種心理狀態的推論過程（e.g., Epley et al., 2004）。

錨定屬於自動歷程，所以很難有意識地阻止；但只要適度調整，就可能順利推論出他人的心理狀態。

然而，我們大多無法充分調整，最終還是會得出以自己為基準的判斷結果。

分別運用理論策略和模擬性策略

接下來，我們以下列2個提問來探討這2項策略。

問題1　請想像以下狀況後回答問題。

在炎熱的夏季午後，客戶A上門來公司談生意，你打算準備冰涼的保特瓶飲料（綠茶或礦泉水）招待他。

A和你的年齡相近。

你會準備綠茶還是水呢？

問題2　請想像以下狀況後回答問題。

在炎熱的夏季午後，客戶A上門來公司談生意，你打算準備冰涼的保特瓶飲料（綠茶或礦泉水）招待他。

A比你年長許多。

你會準備綠茶還是水呢？

不管你在2種狀況下準備的飲料是否相同，都請思考一下你為什麼會做這種選擇。**如果你的理由是「是我的話會想喝○○」，代表你利用了模擬性策略；如果你的理由是「對方是○○，所以應該會想喝○○」，代表你利用了理論策略。**

我們都認為模擬性策略用在與自己相似的人身上，會比用在與自己不相似的人身上來得妥當。

在剛才的問題1當中，只有「年齡相近」這個線索。即使如此，還是比面對「年長許多」的對象更容易反映出自己的喜好。

在推論他人的心理狀態時，我們都會使用這2種策略，但會**傾向於將「模擬性策略」用在和自己相似的對象身上，將「理論策略」用於和自己不相似的對象身上。**

後面就來介紹探討這個現象的研究（Ames, 2004）。這個研究的程序有點複雜，請參照圖5來瞭解研究的6個步驟。

1. 自己對狀況的態度
（協調性和外向性）

↓

2. 目標的團體資訊
（管理學or社會福利學or圖書館學）

↓

3. 推測目標團體對狀況的態度
（協調性和外向性）

↓

4. 受試者的偏好

↓

5. 目標人物的偏好
（相似or不相似）

↓

6. 目標人物的謎題影像
（推論目標人物的心理狀態）

參照Ames（2004）製圖。

圖5. 研究程序

研究中，會告訴受試者（大學生）「要和某團體的成員組成2人一隊，一起解開謎題」。

第1步會用8個項目詢問他們對這個狀況有什麼感想。項目包含「我想讓隊友樂在其中」等與協調性相關的內容，以及「我見到陌生人會緊張」等與外向性有關的內容。請受試者在各個項目中回答自己大約落在哪個程度。

第2步是告訴受試者，隊友所屬團體是下列三者之一：管理學系的研究生、社會福利學系的研究生、圖書館學系的研究生。根據另一項先行調查，已經確定受試者對這些學系的刻板印象，分別是管理學系的人協調性低、外向性高；社會福利學系的人協調性高、外向性中等；圖書館學系的人協調性中等、外向性低至中等。

第3步是詢問受試者，覺得隊友的團體會怎麼回答剛才提到的8個項目（例如：「他們應該會想讓隊友樂在其中」等等）。

第4步是讓受試者根據自己的偏好，回答以下3道是非題（例如：「你喜歡看運動比賽嗎？」等等）。

第5步是讓受試者介紹同組的隊友（目標人物）。這時會告訴受試者，目標人物對剛剛的3道是非題，回答都和受試者一樣（相似條件），或是都不一樣（不相似條件）。

第6步會讓受試者觀看目標人物與其他人做推理謎題的影像，並請受試者推論目標人物當時的心理狀態。這時的提問也跟剛才一樣，是8個項目（例如：「他想讓組員樂在其中」等等）。

分析受試者對目標人物的心理狀態推論（第6步）後，可以發現受試者自己對狀況的態度（第1步），在相似條件下會比不相似條件下更容易投射在隊友身上（模擬性策略）。換言之，**當目標人物和自己很相似時，受試者會推測目標人物的態度和自己一樣**。

相對地，對目標人物所屬團體的刻板印象（第3步），用在不相似條件的情況則多於相似條件的情況（理論策略）。也就是說，**當目標人物和自己不相像時，會根據目標人物的刻板印象來推測其態度**。

由此可見，我們會使用2種策略來進行推論，並依照目標人物和自己的相似程度來分別運用。

自認「我瞭解了」的後續影響

到這裡為止，說明了我們如何推論他人的心理狀態。

目前看來，我們會依照對象的情況不同，分別運用2種策略。但是，試圖瞭解別人的心情，和實際瞭解別人的心情是兩回事。

如前文所述，理論策略會使用刻板印象，造成判斷謬誤；而使用模擬性策略則會以自己為基準來判斷，導致缺乏修正。儘管如此，我們仍然以為自己已經瞭解別人的心情。

自認「**我瞭解了**」，會對其他場面的推論造成什麼影響呢？

我們會依照判斷得出的結論，來理解對方的心情。

請各位回想前面範例裡的上司。上司利用理論策略，判斷新職員的個性「外向」，並且把這位下屬「沒有過來報告」的行為，當成「如預料中的外向，工作進行得很順利」的證據。他自認「我瞭解了」對方，而且依照「我瞭解」的內容來解釋對方的行為。

透過確認，會使人更加篤定常民理論（團隊運動隊長都很外向）是正確的判斷。如此一來，即使在其他場面，也會認為對方會展現出「團隊運動隊長」的特性、擁有外向的思考和感受。

如果改用模擬性策略的話，會怎麼樣呢？你就會推論把冷飲遞給年齡相近的A時，對方會產生和自己相同的感受，並且把對方的反應解釋成符合自己的判斷。

所以，年齡相近的A因為你依自己的喜好選擇的瓶裝飲料而感到開心時，你就會覺得這個選擇果然是對的（即使你給另一種飲料，他也會感到開心。但此時的你根本不會考慮到這個狀況）。你原本就認為對方和自己很像，而一旦「瞭解了」他和自己擁有相同的感受後，就會更加認定對方和自己相似。

如此一來，你在其他情況下，也會認為對方和自己有相同的思考和感受。於是在跟A做交易提案時，你就會依自己想要得到的提案內容為基準來製作企畫書。

由此可見，不論是使用模擬性策略還是理論策略，人一旦覺得「我瞭解了」，即使在不同的情況下，也多半會使用同一種策略來推論。

就結果而言，我們的推論就會逐漸偏離對方的想法和情感。

此外，自認為「我瞭解了」的心態，不只會應用在推論對象，當面對其他同類型的人時，也會使用相同的策略。

舉例而言，其他對象是另一個「團隊運動隊長」時，我們也會利用理論策略來推論；其他對象是另一個「年齡相近的人」時，我們也會利用模擬性策略來推論。

這種推論長久累積下來，會使我們對與自己不同的人群（外團體）產生極端的刻板印象，並對與自己相似的人群（內團體）會比實際上更容易感知到彼此共通的情緒。這個現象會導致我們疏遠外團體成員、靠近內團體成員，並逐步強化這種傾向。

CHAPTER

5 你為什麼會喜歡對方？

當人擁有好感時的思考傾向

當一個人對他人產生好感時，其實背地裡的思考傾向也會運作。

首先，請各位回答以下問題。

問題　請在腦海中想起2～3位友人。

接著思考一下，你為什麼會對他們產生好感？

你應該可以舉出幾項理由，來說明自己為什麼會對朋友產生好感吧？

可能很多人以為，對別人抱持好感是自己單方面的情感和態度。

我們以粉絲的身分對名人懷抱好感，的確算是以自己為起點的單向箭頭。不過，我們與某人建立互相認識的親近關係時，卻可能有個與雙方都有關的理由。

在剛才提到的朋友問題裡，如果你舉的理由是「他是個很棒的人」，請再仔細想一想為什麼會覺得他很棒；如果你舉的理由是「我們很合得來」，請再仔細想一想為什麼合得來很重要。

此外，好感其實分成很多種。

本篇我們就要來擴大理解好感的意義，探索親情、友情、愛情、尊敬等情感。

喜歡長得好看的人 －外貌吸引力－

我們都偏好長得好看的人，也知道其他人同樣喜歡俊男美女。因為在各個場合上，我們都見過容貌好看的人占有優勢。

很多研究都探討過**「外貌吸引力」對好感的影響**，其中大多是針對異性的好感。

接下來，將介紹以大學新生為對象的研究（Walster et al., 1966）。

研究狀況如下：在大學迎新活動中，讓新生和未知對象約會，也就是進行盲目約會。受試者需要輸入自己的興趣和個性等資訊，並根據這些資訊來配對。

此外，會請受試者回答「想要和怎樣的對象約會」，徵詢他們對約會對象的期待，並在受試者本人不知情的狀況下，請實驗幫手（4名高年級學生）評定他們的外貌吸引力。

2天後，受試者會和隨機配對的對象參加舞會（也有人不參加），接著請他們回答對對方的好感度、是否想和對方約會等問題。

分析他們在約會前的期待程度後，可以發現外貌吸引力愈大的受試者，會愈期待對方有很大的吸引力。

但是，進一步分析約會後的評價，則發現無論受試者本身的外貌吸引力如何，對方的外貌吸引力才是影響好感和日後約會意願的主因。可見受試者是因為對方的外貌吸引力大，才會產生好感。

外貌吸引力大的人討喜的理由之一，來自**「美就是好」的刻板印象**（"what is beautiful is good" stereotype, Dion et al., 1972）。**我們會推論漂亮的人擁有社會性的理想人格**。

有一項研究（Dion et al., 1972）給受試者看3名人物的照片（吸引力程度分別為高、中、低），請他們推論3人的性格、將來的生活狀況和幸福程度，並提供社會地位各不相同的職業，請他們思考並選出這3人分別擔任哪一種職業。

分析受試者的回答以後，發現不論目標人物的性別是什麼，他們都認為外貌吸引力大的人具備理想人格，將來也會過著更好的生活。這可以說是受到「美就是好」的信念所影響。

即使把對象換成兒童，也同樣會受到這種信念影響。一項做了統合分析的研究（Langlois et al., 2000）指出，和成人的情況一樣，外貌吸引力愈大的兒童，獲得的能力評價會愈高、愈受到肯定、愈受歡迎且適應力愈好。

既然如此，我們是怎麼建立對外貌吸引力的信念呢？關於這一點，包含2個過程（Eagly et al., 1991）。

其一是觀察有吸引力者和無吸引力者的社會狀況。可以發現，有吸引力者比其他人更能獲得良好待遇。

其二則是對於有吸引力者和無吸引力者的文化表象接觸。給兒童看的圖畫書和卡通動畫中，男女主角都長得很好看，但反派和魔女都長得醜陋無比。

這項研究也對76項研究結果做了統合分析，確定與外貌吸引力有關的刻板印象，會在我們對人格的判斷中造成中度影響。此外，還證明了刻板印象對於「社會能力」（適任性）的影響特別強。也就是說，**我們看到外貌吸引力大的人，就會高估其適任性**。

「適任性」一詞，常見於人事招聘和人才培育上。在與他人的溝通協調中十分重要，是出社會必備的能力。能夠發揮這項能力的行動方針和行動特性，就稱作「職能」。

近年來，日本企業選用人才時，也開始將職能作為指標。

那麼剛才提到的研究結果，對於聘用人才具有什麼意義呢？

我們就以招聘面試為例來探討看看。

假設面試官認為，適任性的高低可以預測出在組織裡的活躍度和對組織的貢獻程度，因此想透過職能方面的提問，掌握應徵者的適任性。

面試時，如果來的是外貌吸引力大的應徵者，會發生什麼事呢？

面試官可能會將其適任性評估得比實際上更高。因此，如果有好幾名應徵者，外貌吸引力較大的應徵者的適任性評價就可能偏高；外貌吸引力較小的應徵者的適任性評價則可能偏低。

此外，**在某一特殊面向的評價，也可能影響其他面向的評價**。

有項研究以**「普遍性光環謬誤」**來論述組織中的這種現象（Thorndike, 1920）。這是一種知名偏誤，一般稱作**「暈輪效應」**。

舉例而言，有個人具備「勤勉」這個正面特徵，而且看起來才智出眾，讓人對他的整體產生正面印象。整體印象可能朝正面的方向偏移，也可能朝負面的方向偏移。而具有外貌吸引力，會使人連帶肯定當事人的其他面向，這就是一種暈輪效應。

喜歡與你相似的人 —態度相似性—

我們會偏好與自己相似的人。具體而言，會對自己覺得「合得來」的人，也就是想法和價值觀都相近的人產生好感。因為有個和自己抱持相同態度的人，得以讓我們確定自己的態度正確無誤。

對方和自己愈像，對其抱持的好感就會愈多。

後面就來介紹探討這個現象的研究（Byrne & Nelson, 1965）。

研究人員會請受試者回答對各項問題的立場，問題數量因人而異（範圍在4～48題）。接下來，會讓受試者看別人（目標人物）的回答，但內容是依照受試者的回答改寫成類似答案，相似度的比例分別是100％、67％、50％、33％的其中之一。受試者看完答案後，需評定目標人物的才智和吸引力等等。

分析結果後，發現無論問題多少，回答相似度的比例愈高，受試者對目標人物的吸引力評價就愈高。可見立場的相似度愈高，對對方的好感就會愈高。

這個研究是讓受試者評定虛構的目標人物，而結果顯示受試者和目標人物的相似度認知與好感有關。在探討「對交互作用對象的評價」的研究當中，也證明了相似度與好感的關係。

統合分析的研究中（Montoya et al., 2008），指出人格和立場上的相似度，與對對方的吸引力評價有密切關聯。

到這裡，我們已經瞭解了相似度造成的影響，不過有些人反而會和自己性格相反的人感情較好。因為，**我們對具備自己缺乏特質的人，也會感受到吸引力**。這就是由「互補性」帶來的好感。

關於這個傾向，曾有研究者從選擇配偶的脈絡來探討（Winch et al., 1954）。研究對象是結婚2年內、還沒有生育的夫妻。

研究人員詢問他們心中理想的配偶人格，結果發現他們的理想人選是與自己的個性截然相反的人。

互補性帶來的好感，容易發生在雙方需要分擔職責，或有必須實踐的目標之時。後面就來介紹，與解決問題的溝通場面有關的研究（Dryer & Horowitz, 1997）。

研究的受試者為女性，內容是請她們與另一名女性（實際上是實驗幫手）談論人際關係的問題。

當雙方正在討論時，實驗幫手會採取主導或是迎合話題的溝通型態。此外，實驗前已經先測試過受試者的型態。

在探討受試者對溝通的滿意度後，發現受試者在與自己的溝通型態相反的人對談時，滿意度更高。可見在需要交互作用的狀況下，會發生互補效應。但是，這項研究的受試者並沒有察覺到這點。

研究中還要求受試者評價對方的溝通型態。分析他們的評價後，發現對溝通很滿意的受試者，都回答「對方和自己是同一類型」。

雖然實際上他們是因為相反型態的對答而感到滿意，但是他們因為滿意而覺得對方討喜時，反而會提高對彼此相似性的認知。簡而言之，就是認為「這個人很討喜，他應該跟我很像」。

由此可知，**我們不僅會喜歡上和自己相似的人，還可能因為喜歡對方而認定彼此是相似的。**

我們在日常生活中，也經常受到相似性影響。

假如下屬和你用同樣的方式處理工作，你就會覺得他很討喜；或者下屬只是畢業學校、興趣和你一樣，你可能就會對他產生正面的評價。

反觀下屬，他也可能深知相似性效應，而刻意強調自己和上司的共同點，甚至迎合上司說的話。

喜歡經常見到的人 —熟悉性—

我們往往會對身邊的人抱持好感，像是左鄰右舍、部門同事等常見面的人。在學校裡，座位鄰近也是讓彼此成為朋友的契機。

後面就來介紹探討這個現象的研究（Segal, 1974）。

這項研究在警察學校裡實施，請44名男訓練生從訓練開始為期6週的時間內，寫下3位親近友人的名字。其中有30人至少寫下了1位在警察學校裡交到的朋友，而全體列舉的名字中有65人出自警察學校。

觀察寫下朋友名字的人與被寫的人之間的關係，會發現他們的名字字母順序相近。其實，這所學校會依照名字順序來分配房間和教室座位。由此可知，因為房間和座位相鄰，這些訓練生才會變得親近。

我們和鄰近的對象交互作用的成本很低。只要成本低，接觸機會就會增加，可以更深入地認識對方。但是，其實在深入認識對方之前，我們可能就已經對對方產生了正面的情感。因為**只要經常見面，就會產生好感**。

接下來就要探討這件事。

只要多次接觸判斷對象，就會對其產生正面的態度，這個現象就稱作**「曝光效應」**（Zajonc, 1968）。

許多研究探討了這個效應的產生原因，大多指出**「對象的處理效率提高所產生的親近感，使人將原因誤歸於對象的討喜程度」**（Bornstein ＆ D' Agostino, 1992）。

這裡就舉個日常例子來說明。

請各位想像一下，某天早上要出門上班，在自家附近的公車站和平常的熟面孔一起等車。這時，突然來了一名素未謀面的人，你不禁心想：「他是誰啊？」並開始做各種推論：「他是換了上班時間嗎？還是剛搬來附近？」你需要對這名新奇的對象做資訊處理，畢竟他可能是個危險人物。

相較之下，你不必對熟面孔品頭論足。平常在公車站會見到的人，今天早上也一樣在等車。你或許會想：「他今天也在啊？」但就僅止於此。因為只要一如往常，就不需要再做資訊處理。

這種順利而輕鬆的處理，會令人產生「正面的感受」。但是，我們卻誤以為那是判斷對象本身帶來的感受。這就是剛才介紹的錯誤歸因機制。

後面就來介紹探討這種效應的研究（Moreland ＆ Beach, 1992）。

這個研究在大學課堂上進行。研究者會拿出4名目標人物的照片給學生看，並請他們回答對這些人的熟悉度、吸引力以及與自己的相似度。

其實這4名目標人物中，有3人曾假扮成學生，多次混入學期中的40堂課裡聽課。他們聽課的次數各不相同，分別是5次、10次、15次，其中一人則是從未聽過課。

分析學生對這些目標人物的評價後，發現他們見到目標人物的次數愈多，就愈覺得對方有吸引力，並自認熟悉對方（熟知感）、認為對方和自己相似。

我們只要經常看到某個人，即使彼此實際上不曾交談、沒有一起相處過，也會認為自己熟知對方並產生好感。

只要明白這個觀點，就能理解業務員為什麼要多次拜訪客戶、偶爾安排在公司以外的地方聚餐了。因為業務員想藉由增加雙方接觸的機會，成為客戶心目中的「熟面孔」。

當我們喜歡上某個人時，都會認為是因為對方很有魅力。這麼說確實沒錯，但是請各位想想，為什麼你會覺得對方很有魅力？

你之所以產生好感，可能是因為對方很符合你的信念（美就是好），或是跟你很像、跟你很熟，諸如此類的理由。換句話說，你喜歡上某個人，是與你自己有關。

由此可見，你對他人的好感也會受到自己影響。你與他人溝通交流時，應該也會受到自己影響。CHAPTER6中，我們就要來探討這個現象。

CHAPTER

6 你會怎麼向別人敘述第三者？

共享第三者的印象時，會發生什麼事？

我們常常會和他人談起自己對某個人的認識或想法。

假設你要負責指導剛加入自己所屬部門的新職員A。當上司問你「覺得A怎麼樣？」時，你就必須報告自己的所見所聞。

但是在這種時候，你不可能把A的狀況和你自己的感想全盤托出。你會從大量資訊中，選出應當向上司報告的事，以及想要報告的事。這時所做的資訊篩選，可能是刻意、也可能是在無意識中進行的。

這裡我們就聚焦於「與他人相關的交流過程」，思考一下我們是如何與周遭的人共享第三者的印象。

分辨氣氛再說話 －與聽者協調－

通知部門成員開會時，常常只會說「一樣在那間會議室裡」，因為大家都知道「那間會議室」是指什麼。但如果通知對象是剛進部門的新職員呢？或許就需要詳細告訴對方會議室的位置了。

從這個例子可以得知，對話裡需要有**「共同基礎」**，這是互相共享的知識、信念和預設（Clark et al., 1983）。剛才的例子中，「對會議室的認識」就是共同基礎。

我們再來看看以下情況。

假設日前有一份向客戶提案的企畫通過了，這時你應該會對同事說：「那個企畫已經順利通過囉！」說這句話的前提，是雙方都要有「那個企畫」作為共同基礎，但還不僅止於此。

請各位思考一下，為什麼要告訴同事「順利通過」這個資訊。想必是這份企畫案對同事而言很重要，所以才需要報告。可能這是大家一起製作的企畫，你認為對方知道後會很高興，才會特別通知；如果對方對此漠不關心，就沒必要通知了。

由此可知，**我們會推測聽者的態度，藉此「調整」要敘述的內容**。

在傳遞與第三者有關的資訊時，也需要對聽者做調整。我們會先思考聽者對第三者有什麼想法，再決定怎麼說。

後面就來介紹此一相關研究（Higgins & Rholes, 1978）。

首先，研究人員會向受試者（大學生）介紹另一名學生（實際上是實驗幫手）。接著讓受試者閱讀和那名學生屬於同一團體的目標人物的相關文章，並請受試者向學生傳達目標人物的印象，學生再根據傳達內容來判斷目標人物的身分。

解說完進行方式、將目標人物的文章交給受試者後，研究人員會告知一半的受試者「那名學生喜歡目標人物」，告知另一半受試者「那名學生討厭目標人物」。

受試者閱讀的文章裡，描述了12項關於目標人物的資訊。其中有4項描述理想人格、4項描述不理想人格，剩下的4項則是可以做出模稜兩可的解釋，意即受試者可以根據資訊，正面判斷目標人物「個性堅強」，或負面判斷「個性頑固」。

受試者讀完文章後，需思考目標人物的為人處事、性格，並寫下要傳達的內容。分析受試者寫下的內容後，發現在告知他們「那名學生喜歡目標人物」的條件下，受試者會將文章中的理想資訊和不理想資訊都朝正面方向敘述，而模稜兩可的資訊也會做出正向敘述；另一方面，在「那名學生討厭目標人物」的條件下，資訊則是朝負面方向敘述。

可見受試者轉達給學生的資訊，會配合學生對目標人物的好惡來調整。

這個現象暗示了我們在說話時，會分辨氣氛、配合對方。

前面的例子裡，上司在詢問新職員A的狀況時，如果上司很中意A，你可能就會選擇正面敘述。這時，「我們認為上司中意對方」會比「上司實際的態度」更加重要。

自己也開始這麼認為 －相信自己所言－

現在已經證實，我們會配合對方的態度來進行調整。但是，我們真的只是單純配合對方的情況嗎？還是這種溝通方式也會對我們自己造成影響呢？事實上，後者的確有可能發生。因為**我們本身也會建立起與傳達內容相符的態度**。

剛才提到的研究（Higgins & Rholes, 1978）其實還有後續。

受試者寫下要傳達的內容後，必須對目標人物的理想程度做出評價，並盡可能回想、正確地寫下目標人物的資訊。後續課題的完成時間，可以是剛寫完傳達內容後，或是寫完傳達內容的12～15天後。

分析受試者對目標人物的評價和記憶的結果後，發現他們的態度也偏向和那名學生一致。也就是說，受試者本身的態度和記憶，都依照自己傳達的內容建構而成。不僅如此，經過一段時間後，對記憶的影響會比當下更大，但這個效應只會發生在受試者需書寫傳達內容的時候。

有句英文俗語是「Seeing is believing」（眼見為實），意思是不論實際情況如何，我們都相信自己親眼所見才是千真萬確。

剛才談到的研究（Higgins & Rholes, 1978）標題正是由這句俗語改寫而成，名為「Saying is believing」，指出我們「相信自己親口所述」的傾向。

假設你對於可能很中意新職員A的上司，大力稱讚A的表現。根據前面的說明，你本身或許也會用善意的眼光看待A，並且可能在事後回想時，能夠仔細想起A所做的行為中較為理想的部分。

為什麼我們會想共享自己的想法？

剛才介紹的現象，指出**調整資訊後再傳達給對方，會使我們產生和對方相同的態度**。換言之，這是一個**共享態度的經驗過程**。

我們透過與他人擁有相同經驗的「共享現實」，會相信自己對世界的理解是可靠且妥善的（Hardin & Higgins, 1996），並藉此**獲得自己與他人連結的感受**（Echterhoff & Higgins, 2018）。因此對我們來說，與人共享對「重要他人」、「自己所屬團體」的理解至關重要。

假設不只上司，部門裡的同事也認為新職員A是理想員工，但只有你持相反意見，情況會如何呢？你可能會覺得自己沒有識人眼光，或覺得自己跟周遭格格不入吧？

所以，我們才會分辨氣氛、為自己找出動機。對新職員A的印象可能就是透過這種方式建立而成，或許我們只是「相信彼此共享的現實」（Sharing is believing）而已（Higgins, 2018）。

共享對第三者印象的敘述方式

與共享「聽者的理解」同理，我們也會想要與人共享「自己的理解」。

我們繼續用新職員A的例子來思考看看吧！

你負責指導A，A向你詢問了好幾次工作的執行方式。假使你要對不認識A的同事描述A的這種狀況，你會怎麼說呢？

如果你認為A很討喜，可能就會說「A想要盡快熟悉工作流程」，或者言簡易賅地說

A「幹勁十足」、「很有熱忱」；但是，如果你對A沒什麼好感，恐怕就會說「A一直來問問題」。這些形容的差異，在於說明的抽象程度。「問問題」這句話是具體的行為敘述；相較之下，「要盡快熟悉工作流程」則是加上了你自己的解讀。「幹勁十足」表達了A的狀態，再加上你的解讀；抽象的「熱忱」則是說明了A的穩定傾向。

由此可見，**我們在說明目標人物的行為時，會分別運用不同的表達方式**（Semin & Fiedler, 1988）。這是來自於我們想與聽者共享對目標人物的認知動機。

後面要介紹的研究（Maas et al., 1995），就是探討了人如何依自己對目標的好惡來改變表達方式。

研究中，受試者會看到3篇登場角色做出理想行為的單格漫畫（例如：資源回收），或是3篇登場角色做出不理想行為的單格漫畫（例如：插隊）。

研究人員會請一半的受試者將登場角色當成自己的摯友，並請另一半受試者將登場角色當成自己最討厭的人。接著，每一篇漫畫都會提供4個選項，受試者要選出最能表達這段故事的項目。

這4個選項的表達抽象程度都不相同，可以藉此得知受試者將登場角色的行為解讀成什麼程度。

分析受試者的回答後，發現把角色當成「討厭的人」的受試者，在看見角色做出不理想的行為時，比把角色當成「摯友」的受試者更容易選擇抽象的表達。

此外，看見「討厭的人」做出不理想行為時，比看見其做出理想行為時，更容易選擇抽象的表達。

後面就以「插隊」為例，詳細說明這個結果。

描述自己討厭的人插隊時，會選用「狡猾」或「給大家添麻煩」等抽象表達；當描述摯友插隊時，則會具體地說「他插隊了」。

然而，當看見討厭的人「做資源回收」時，卻會用「垃圾分類」這種具體的說法。

由此可知，**我們會把討厭的人所做的不理想行為歸咎於其本身的人格，理想行為則說成一時興起的巧合**。而我們可能根本不會意識到自己有這種傾向。

解釋預期行動對聽者的影響 ─語言預期偏誤─

剛才說明的現象，就稱作**「語言預期偏誤」**（Wigboldus et al., 2000）。之所以加上「預期」，是因為**我們會把「預期」目標人物做出的行為**——例如：預期摯友做出理想行為、預期討厭的人做出不理想行為——**以抽象的方式表達**。

語言預期偏誤不只會出現在描述目標人物的時候，同時也會影響到聽者對目標人物的認知。後面就來介紹這個現象的研究（Wigboldus et al., 2006）。

研究中，請受試者（寄件人）思考一下自己朋友（目標）的為人，並寫下2段文章，將目標人物的故事傳達給其他受試者。一段描述目標人物做出「預期中行動」的故事，一段則是做出「預期外行動」的故事。接著，讓其他受試者（收件人）閱讀其中一段文章，判斷這個行為是基於目標人物的人格還是狀況。

首先，分析寄件人的文章後，發現他們在描述目標人物做出「預期中行動」時，會比做出「預期外行動」更傾向於使用抽象表達。這個結果代表當中發生了語言預期偏誤。

接下來，分析收件人的判斷以後，發現他們認為目標人物做出「預期中行動」，會比「預期外行動」更有可能是基於人格。可見比起具體描述的行為，收件人更容易將寄件人抽象描述的行為，解讀成目標人物的穩定傾向。

我們用新職員A的例子來思考看看。

你向同事描述討喜的A時，將A多次來問問題的行為說成「他想要盡快熟悉工作流程」。於是，同事從這個抽象描述中解讀出A具有「熱忱」的人格。就結果來說，你的善意態度也分享給了同事。

由此可見，**我們向他人描述第三者時，也會與對方分享自己對那個人的印象。**

PART 3

如何建立「自己」的印象

CHAPTER

7 你如何看待自己？

你多瞭解自己？

我們在PART 2已經探討過「他人」的印象，接下來要探討「自己」的印象。

首先，請各位寫下10句「我是個○○的人」。想到什麼寫什麼就可以了，每一句都很簡短也沒關係。

然後請各位重看一遍自己寫下的段落。○○就是你對自己的認知，此即**「自我概念」**。

正如同各位所寫，我們都對自己擁有豐富的自我認知。特別是在記憶中按照意義歸納

（體制化）、儲存下來的知識，就稱作「自我基模」。

PART1已經介紹過基模，而自我基模會發揮認知框架的功能，讓我們能夠理解與自己有關的資訊。接下來，我們試著具體思考一下。

請問，你會怎麼回答下列問題。

問題　你認為自己是個認真的人嗎？
　　　請用「是」或「否」來回答。

這時，會立刻回答「是」的人，就擁有「認真」這個自我基模。這種人應該可以列舉出很多足以表達自己「認真」性格的經歷，或是經常被人說「很認真」吧！

如果具備足以因應的豐富認知、對這些認知的可及性（意即容易連結的程度）很高，就能迅速媒合並判斷出「是」。

若你會立刻回答「否」，代表你具備很多相反認知，並對那些認知的可及性很高。

需要花點時間才回答出「是」或「否」的人，則對於「認真」的自我認知不夠豐富，或是擁有豐富的認知但可及性很低。

在「我是個〇〇的人」的句子當中，第一個寫下的「〇〇」，對現在的你來說可能就是可及性最高的自我概念。那麼，你都寫了什麼呢？

自我基模的作用

判斷他人印象時的自我基模作用

如同剛才談過的，我們**可以迅速判斷與自我基模有關的詞彙，是否符合自身認知**（Markus, 1977）。而且，我們在判斷他人時，其實也會用到自我基模。**自認「認真」的人，在判斷他人時也很容易分辨對方是否「認真」**。

後面就來介紹探討這個現象的研究（Fong & Markus, 1982）。

首先，研究人員會請受試者回答關於自己的問題，根據受試者回答自己是「外向」、「內向」或「兩者皆非」，將他們分為「外向群」、「內向群」、「兩者皆非群」。

接著，將受試者每6人分成一組，請他們進入隔開的空間裡。然後交給他們共有26題的問卷，要求他們從中選出想問組員的12項題目，以便互相認識。

26題中，有11題與外向性有關，像是「你在什麼狀況下會表現得最外向友善？」；有10題與內向性有關，像是「你覺得是什麼原因妨礙你和別人相處融洽？」；剩下5題則是兩者皆非的中立問題，像是「你偏好將自己的愛心投入哪種慈善事業？」等等。

確認受試者回答的選項後，發現選擇最多外向性相關題目的人，是認為自己很外向的「外向群」，「內向群」和「兩者皆非群」選擇的外向性題目數量則沒有顯著差異；而選擇最多內向性相關題目的人，是認為自己很內向的「內向群」，「外向群」和「兩者皆非群」選擇的內向性題目數量則沒有顯著差異；選擇最多中立性題目的是「兩者皆非群」，「外向群」和「內向群」選擇的數量則沒有顯著差異。由此可知，受試者會想要向他人徵詢與自我基模有關的事情。

這項研究還有後續。受試者獨自進入包廂後，會得知要進行同一實驗的面試，需聆聽從擴音器裡播出的對話內容。對話中可以聽見目標人物在回答3道有關外向性的問題、3道有關內向性的問題，以及3道與前兩者無關的問題，但答案的內容都不會顯示出目標人物的特徵是外向性還是內向性。

受試者聽完這段對話後，需評估目標人物的外向和內向程度，以及兩者皆非的中立特性，並回答自己對各個評估有多少信心。

受試者對目標人物的特性評估，並不會出現自我基模造成的差異；但是對評估的信心程度，卻會因為自我基模而不同。「外向群」和「內向群」比起「兩者皆非群」，對於目標人物的外向性或內向性評估更具信心。

也就是說，受試者站在自我基模的立場上，有信心可以正確判斷他人。而對於判斷中立特性的信心，各群之間並沒有顯著差異。

這裡再來介紹另一個與自我基模的影響有關的研究（Green & Sedikides, 2001）。

研究中，會請受試者判斷自己是屬於「自律獨立型」還是「服從依賴型」，並按照他們的依賴程度分成3個群組。

然後在另一項研究中，會讓受試者閱讀4段描寫某目標人物的文章，並預測目標人物會在文中所寫的狀況下採取什麼行動。這些狀況分別包含了「獨立」或「依賴」的場面，例如：是獨自寫報告，還是做小組報告；當中也包含與這些立場無關的狀況，例如：是否願意贊助太空計畫。此外，受試者需回答對於目標人物的印象。

分析受試者對目標人物的行為預測結果後，發現預測會採取依賴行動的群組，由多到少依序是「依賴群」、「兩者皆非群」、「獨立群」。而在預測與依賴無關的行動上，3個群組並沒有顯著差異。此外，分析受試者對目標人物的印象後，發現受試者都會產生與自我基模一致的印象。換言之，受試者會判定對方的印象和自己相近。

這兩個研究結果，顯示出**我們傾向於根據自我基模來判斷他人，並且對自己的判斷有很大的信心**。不僅如此，**我們會將他人的行動，朝著符合自我基模的方向預測**。

假使你擁有「認真」的自我基模，就會判斷別人「很認真」，並對這個判斷很有信心，認為那個人應該會採取「認真」的行動；如果你擁有「溫柔」的自我基模，也很容易判斷其他人是否「溫柔」。

假設你和同事都認識新來的職員A，而你強烈認為A是個「認真的人」，同事則覺得A是「溫柔的人」。這種印象的差異，或許就是來自於你和同事在自我基模上的差異。

對他人記憶的自我基模作用

我們的自我基模，也會影響到關於別人的記憶。

某項研究（Higgins et al., 1982）中，請受試者寫下自己「喜歡的人」、「討厭的人」、「想念的人」、「想躲避的人」和「常見的人」分別是什麼性格，以便確認可及性。接著參考寫下的內容，為各個受試者撰寫目標人物的相關短文。

短文包含了目標人物做出的12種行動，其中6種行動對受試者來說可及性高，剩下6種則可及性低。另外，正面和負面的行動各占了一半。舉例來說，如果受試者寫下「誠實」這個特性，則目標人物做出「立即歸還店家多找的錢」就是可及性高的行動；對於沒有寫下「誠實」特性的受試者來說，這就屬於可及性低的行動。

1週之後，再將短文交給受試者，請他們閱讀一段時間，再回想短文內容並寫下來。分析寫下的內容後，發現可及性高的特性比可及性低的特性，更容易被記住。例如：一開始寫下「誠實」特性的受試者，對於目標人物與「誠實」有關的行動較記憶深刻。由此可知，我們會依照自己心目中的可及性，來記憶別人的所做所為。

各位可以用對自己來說可及性最高的特性，也就是自我基模來思考這個情況。覺得自己「很認真」的人，往往會清楚記得對方「認真」的地方。例如：一名自認很認真的人在和B說話時，對B產生了「認真」和「溫柔」的印象，但是他會比較容易記住符合自我基模的「認真」印象。這麼一想，便可以理解**我們所見的「他人」，就等於「以我們自己為依據所見的他人」**。

前面都用「認真」這個自我基模來舉例。不過，我們對自己不可能只有單一印象。

請各位再看一次先前寫過的「我是個○○的人」的句子，應該列出了不少特性吧？

因為我們都具有形形色色的面向。第一個寫出來的或許是你可及性最高的特質，但要是在不同的場合被問到這件事，你可能就會先想到其他特質。**我們對「自己」的概念會因狀況而改變**，這就稱作**「活動性自我概念」**（Markus & Kunda, 1986）。

舉例來說，在工作中觸及的或許是「認真」的自己，但是和朋友或初次見面的人相處時，就會觸及「開朗」或「怕生」的自己了。自我會像這樣依狀況而變動，而自我概念在想起「重要他人」時也會發生變化（這點會在CHAPTER10詳細說明）。

你想要怎麼看待自己？

我們在思考如何看待自己時，一定會思考到「想要怎麼看待」自己。理解自己的方式，會受到自己的動機影響。這裡就來依序介紹4個關於自己的動機，分別是**自我驗證動機、自我評定動機、自我改善動機和自我提升動機**（Sedikides & Strube, 1997）。

我就是個○○的人——自我驗證動機——

我們都擁有既定的自我概念，以及想讓自我概念和新資訊保持一貫性的動機。也就是說，想要擁有始終如一的自我概念。

例如：自認「很認真」的人，會設法取得與認真的自我相關的資訊、維持自我概念。這個動機的運作，可以幫助我們把自己當成容易理解的對象。

倘若一個自認「很認真」的人，發現別人對自己的評價不符合這個認知時，就會感到惶恐，覺得是不是周遭的人不瞭解自己；或者懷疑自己的認知是不是真的、對自己的理解搖擺不定。因此，擁有「自我驗證動機」是很重要的事。

但是，自我驗證動機的運作也可能發生問題，而問題就出在**自我評價和自尊心很低**的人身上。這種人**為了讓新資訊符合自我概念，會優先注意並記住與低落的自我評價相符的資訊**。後面就來介紹探討這個現象的研究（Story, 1998）。

研究人員會請受試者做性向測驗，並將結果「假回饋」給受試者，意即將事先準備好的假資訊以測驗結果的名義通知受試者。

給受試者的回饋資訊中，同時包含正面與負面的內容，讓受試者看見對自己人格的2種描述。此外，實驗前已經先評量過受試者的自尊心程度。通知測驗結果後，研究人員會再請受試者回想拿到的回饋資訊並寫下來。

分析受試者回想的內容後，發現對於正面內容，高自尊心群組的記憶會比低自尊心群組要更清楚；而對於負面內容，低自尊心群組的記憶會比高自尊心群組要更清楚。也就是說，**即使人人得到的性向測驗結果都一樣，也只會記住其中與自尊心相符的內容**。

這個結果，指出一個對自尊心低的人來說很重要的問題——測驗結果都已經告知他們性格裡的正向特質了，他們卻毫不在意。

來自他人的正面評價，是提升自我評價的重要資訊。儘管如此，自我驗證動機的作用卻使低自尊心者無法接受正面評價。這麼一來，他們的自我評價就會一直保持低落。而且，他們還會注意到他人給的負面評價，造成自我評價持續下滑的循環。

自我評價高的人，獲得讚美後就會繼續發展自己的長處；自我評價低的人，卻只看得見自己的缺陷，即使得到讚美也會拒之門外。

如果你被稱讚後會感到不自在，可以嘗試削弱自我驗證動機的作用。

我是怎樣的人？——自我評定動機——

我們都具備想要正確評價自己的動機。正確理解自己的能力和態度，有助於預測將來的狀況，還能按照預測來控制自己的行動。

例如：接到工作時，最理想的做法是依照自己的能力，在可能的範圍內完成每件事。要是過度高估自己的能力，就無法在期限內完成工作、造成大家的麻煩。如果覺得工作量超出自己的能力範圍，就要先設法取得他人的協助。只要正確掌握自己的能力程度，就能做到這種反應。

「自我評定動機」會在各種狀況下運作，尤其當我們難以判斷自己面對課題的能力時會特別容易出現。後面就來介紹探討這個現象的研究（Trope & Ben-Yair, 1982）。

研究共分成2個階段。第1階段會請受試者回答2份試卷。這時會告訴他們一份試卷是測驗分析能力，另一份試卷則是測驗心理靈活度，2套試卷都各有18個問題。

之後，會回傳假成績給受試者，並藉此操作各個能力程度的確定性。也就是不顧實際答對題數，讓受試者明白自己的程度落在哪裡。具體而言，確定條件是告訴受試者18題中有15題達到均標，讓受試者幾乎可以確定自己屬於中等程度；不確定條件則是告訴受試者拿到低標、均標、高標的題數都差不多，讓受試者看不出自己的能力高低。

第2階段，會給受試者2份新試卷，並告訴他們分別是測驗分析能力和心理靈活度。2份試卷各有20題，但受試者從中共選出25題作答即可，並且需回答分別從各個領域裡選擇了幾題。

分析受試者的回答後，發現他們大多選擇了不確定能力程度領域的問題。

舉例而言，某位受試者在第1階段不清楚自己的分析能力是什麼程度，第2階段就會偏好選擇分析能力的問題，因為他想要挑戰自己程度不明的領域、正確評定自己的能力。由此可見，這正是想要正確理解自己的自我評定動機引發的心態。

收集用來正確評價自己的資訊時，也可能得到負面回饋。而是否要接受這個資訊，則是與接下來要介紹的「自我改善動機」有關。

我想要成長——自我改善動機——

我們都有想要改善自己、讓自己成長的動機。

前面以接工作為例，說明了自我評定動機。如果你的能力還達不到被交辦的工作所需的程度、需要他人協助的話，你會有什麼想法呢？應該會想要努力提高能力，好在下一次機會來臨時靠自己的力量完成工作吧？這種「自我改善動機」，會使我們訂立目標、控制行動以達成目標。

自我改善動機會在我們發現自己有所不足時運作。例如：我們會藉由認識自己的缺陷和弱點來改善自我。但是，承認自己的缺陷和弱點會導致負面情感產生，而我們還具有想讓自己保持樂觀或中立狀態的動機。因此，「改善情感的目標」和「改善自我的目標」就會彼此衝突。既然如此，究竟該怎麼做才能讓自己成長呢？

缺陷和弱點所造成的負面情感只是一時的情緒。所以，改善情感是短期目標，自我改善和自我成長則是長期目標。我們必須用長期的眼光來審視自己，朝著重要的目標行動。就算承認自己的缺陷會產生負面情感，只要有助於自我成長，最好就大方承認。

當人處於正面的情感狀態時，會更容易達成超越短期成本（負面情感）的長期目標（Gervey et al., 2005）。

因此，需要接受自己的負面特質時，最好先讓自己的情感處於正面樂觀的狀態。

我想變得更出色 ——自我提升動機——

我們都具有想要正面看待自己的動機，想要相信自己的能力或特質很出色。

而且，我們或許比實際上更樂觀地看待自己為了成長所做的努力。這種想把自我評價維持在某個高度的動機，就稱作「自我提升動機」。

我們的自我評價常常忽高忽低，而比較對象是誰呢？

一般而言，會認為是「其他的普通人」或「普通人的平均值」吧？然而，實際上並沒有一個認定的普通基準，我們也無法得知自己落在哪個群體的平均值。**我們拿來比較的對象，通常是對自己來說「重要的他人」**。

後面就來介紹包含這個觀點的**「自我評價維持模型」**（Tesser, 1988）。

自我評價維持模型的前提，是我們在與他人的關係中評價自己，為了維持或提高自我評價而採取應對方法。根據這個模型，我們在與他人的關係中評價自己時，包含了「比較過程」和「反映過程」。

在比較過程裡，我們會與心理上相近的他人比較執行任務的結果。若判定自己較為出色，就會提高自我評價；反之，則會降低自我評價。

而在反映過程中，當他人執行任務的結果很高，我們會跟著提高自我評價；反之，則降低自我評價。此即**「沾光效應」**（Cialdini et al., 1976）。舉例而言，當朋友獲得優異成就時，我們也會感到與有榮焉。即使我們對朋友的活動並沒有貢獻，仍會引以為傲。

與重要他人比較時，比較過程和反映過程都會發生，但是自我評價維持模型會依照自己和比較領域的相關程度，決定哪一過程更容易發動。若相關度高，比較過程會更容易發動；若相關度低，則是反映過程容易發動。

當在相關度高的領域，與重要他人比較後，出現自我評價降低的情況，自我評價維持模型就會有所調整。

舉例來說，假設你在工作上遇到一項很重要的課題。你沒能順利完成工作，但情同好友的同事卻成功了，導致你的自我評價下降。這時，你會怎麼辦呢？

根據自我評價維持模型，這時會發生下列其中一種現象。

其一是和重要他人疏遠，降低對方的績效對自己的打擊。只要和優秀的朋友保持距離，就沒必要比較，自我評價也不會降低了。這段距離不單指不與朋友見面這種實際距離，還包含心理上的距離。也就是減弱與對方的親密度和相似性。

然而，在某些狀況下，我們無法遠離重要他人，例如：對方是你很珍惜的朋友。這種時候，人就會改變自身定義，降低在該領域的相關度，不再重視或就此放棄任務。以下就來舉例說明。

假設有一對兄弟，弟弟剛開始從事哥哥已經努力很久的運動，但在比賽中，弟弟的表現卻更加傑出。於是比較過程開始運作，哥哥的自我評價下降。哥哥為了讓自我評價回到原本的程度，應該疏遠弟弟，但兄弟難以保持距離。

因此，哥哥放棄繼續參加那項運動比賽，轉而努力在其他領域達到優異表現。

相信你或身邊的人都有過這樣的例子。

接下來介紹的研究，就是以小學生為對象，探討與重要他人的比較過程和反映過程（Tesser et al., 1984）。

研究中，會請受試者評定自己、親密朋友和同班同學的成績，並參照老師的評價作為成績的客觀指標，比較兩者的差別。

結果，受試者在相關度較高的領域中，會把自己的成績評估得比客觀指標高，並低估親密朋友的成績，這當中就是發生了比較過程；另一方面，受試者在相關度較低的領域中，則是會把朋友的成績評估得偏高，這時就是發生了反映過程。

由此可見，在自我評價維持模型的影響下，會造成認知偏誤。此外，對於同班同學的成績，則不論相關度高或低，都會評估得偏低。

總而言之，這2個過程會因為自己對領域的相關度高低而出現分歧。有趣的是，我們在這2個過程中都會提高自我評價。

接下來要介紹的研究（Pleban & Tesser, 1981）也探討了自我評價維持模型的預測，釐清當我們的自我評價下降時會發生的現象。

研究中，讓受試者和另一位受試者（實際上是實驗幫手）一組，詢問他們對幾個領域的調查感想，例如：足球、搖滾樂等。藉此調查受試者相關度高和低的領域。

接著，請受試者和隊友一起進行相關度高或低的問答遊戲。

然後，告訴受試者遊戲的成績是「平均的第50百分位數」，而同組人的成績是第20、40、60、80百分位數的其中之一。意思是如果同組人的成績是20或40，就低於受試者；如果是60或80，則高於受試者。

之後，請兩人依序離開房間，在另一個房間等候。等候室裡有8個座位，目的是要暗中測量先離開房間的實驗幫手和受試者所坐的位置之間的距離。

此外，還會詢問受試者隊友的討喜程度、自己和對方的相似度、將來是否還想繼續和對方一起參加遊戲等行動意圖。

結果發現在受試者相關度高的領域中，隊友的成績愈高，座位距離就愈遠；在受試者相關度低的領域中，則是隊友的成績愈高，座位距離就愈近。

分析受試者對將來行動意圖的回答後，發現在相關度高的領域裡，受試者的行動意圖偏低；在相關度低的領域裡，行動意圖則偏高。

關於雙方相似度的評估，在相關度高的領域裡，隊友的成績愈高，相似度的評估就愈低，代表受試者認為自己和對方的心理距離較遠；而在相關度低的領域裡，隊友的成績愈高，相似度的評估就愈高，代表受試者認為自己和對方的距離較近。

只有在討喜程度的評估上，沒有出現相關度高低所造成的差異。隊友的成績愈高，討喜度的評估就愈高。

統整一下研究結果，在相關度高的領域裡，隊友的成績愈高，距離就會愈遠、相似度和行動意圖愈低；而在相關度低的領域裡，隊友的成績愈高，距離就會愈近、相似度和行動意圖愈高。

由此可知，維持自我評價的策略會因自己對領域的相關度高低而異。當自我評價在相關度高的領域裡下降時，我們就會疏遠對方。

總而言之，自我評價維持模型證明了**發生自我評價可能下降的局面時，我們會降低對他人的評價並疏遠他人，處理自己與他人之間的關係**。

這裡再介紹另一個與自我評價有關的理論，就是**「自我肯定理論」**（Steel, 1988）。

根據這個理論，我們只要能確定自身價值，就不需要處理與他人之間的關係，也可以維持自我評價。

舉例而言，人在面臨失敗時，往往會「向下比較」，意即和表現不如自己的人比較。「有人比我做得更爛」的想法，可以快速穩定自己對某件事的情緒。

但是，根據自我肯定理論，人若能在失敗後確定自己在重要領域裡的價值，就不會再繼續向下比較了。

在探討這個觀點的研究（Spencer et al., 2001）中，研究人員先請受試者做一份與知識有關的試卷，並回傳給他們很低的假成績，目的是要降低受試者的自我評價。接著，請他們寫另一份問卷，內容是思考自己心目中的重要價值或不重要價值，目的是要建立或削除其自我肯定。

接下來，會通知受試者準備1份面試用考題，並選擇參考用錄影帶。受試者可以任選在第1份試卷中成績比自己高的人或成績較低者的錄影帶。選擇成績較高者的錄影帶，就是「向上比較」；選擇成績較低者的錄影帶，則是「向下比較」。

確認受試者選出的錄影帶後，發現已經建立自我肯定的人多半會向上比較，而不具自我肯定的人則會向下比較。

向上比較會打擊心靈，但掌握表現比自己傑出者的資訊有助於將來的成長。這也與剛才談過的「自我改善動機」作用有關。

與「過去的自己」比較

到目前為止，我們已經探討過與他人比較的情況，以及自我肯定後的自我評價。最後，我們要來思考與「過去自己」比較後的自我評價。這種自我評價，稱作**「時序的自我評價」**。

你和「過去自己」比較後，會怎麼看待「現在自己」呢？大多數的情況下，都會覺得自己成長了吧？這就是將現在自己評價得比過去自己高的緣故。

這時比較的過去自己，是你現在記憶中的自己。你的選擇會過濾記憶，甚至過濾從記憶中搜尋得出的結果，所以才會得到**「現在自己」所見的「過去自己」**。或者即使想不起過去自己，人都會相信自己有所成長，因此會貶低過去自己後再回想過往。

探討這個現象的研究（McFarland & Alvaro, 2000）中，研究人員請受試者寫下過去的2年內非常積極正面的經歷，或是有點消極負面的經歷。之後，請他們評價「現在自己」和「這個經歷以前（過去）的自己」。並請另一群受試者寫下熟人有過的經歷，評價「現在那位熟人」和「這個經歷以前的熟人」。

探討受試者對自己和熟人的評價後，發現不論評價對象是誰，都會將「現在」評估得比「經歷前」更高。可見人在有了負面經歷後，就會感受到自己的成長。

不過，自己和熟人之間仍有差異。只有寫下自己非常負面經歷的受試者，會將經歷前的自己評價得比其他條件都低。也就是說，他們最能感受到自己的成長。

我們都認為克服辛苦的經驗，會讓自己比以前成長更多，而這也是自我提升動機帶來的效果。

有研究者將人對自己做出完美評價、樂觀預測未來或大幅高估自己對狀況的掌控力的現象，稱作**「正向錯覺」**（Taylor & Brown, 1988）。

對於設法提高自我評價的行為，一般人或許會抱有負面印象，但這其實不是人類的缺陷。像這樣設法正面看待自己，是讓我們繼續活下去以及成長所需的心態。正面看待自己，才能設定更高的目標並努力達到。

話雖如此，要是自我評價太高，也會造成不好的影響。

例如：在組織裡工作的人，若過度意識自己掌控狀況的能力，就會以為「沒有自己的話，工作就無法進展」，於是不敢將工作託付給他人、請假休息。

如果休假會令你感到不安，就該稍微降低對狀況掌控力的意識，認知到「就算沒有你，工作仍會繼續進行」，或者「即使進度稍有延遲，事後也能補救」。

前面已經介紹完關於自己的自我驗證動機、自我評定動機、自我改善動機和自我提升動機了。

將各個動機的作用分開來看，就能預測出矛盾的方向。例如：既然我們都有提升自我的動機，為什麼自尊心低落的人會因為「我就是○○」的自我驗證動機，而保持低落的自我評價呢？

我們都擁有這些與自我有關的動機，但每個人容易發動的動機不同，各個動機容易發動的狀況也不盡相同。

舉例來說，大部分情況下，「我想成為出色的人」這股自我提升動機的影響很強烈，但是在評估是否要接受某件工作時，「我想正確評價自己」的自我評定動機反而更容易發動。

換言之，正面看待自己，可說是我們在無意識中進行的「自動歷程」；為了某個目的而想要正確看待自己，則是有意識的「控制歷程」。

我們會依狀況分別靈活運用動機，藉此解釋資訊並應對發生結果。

CHAPTER 8 你希望別人怎麼看待你？

人會希望別人如何看待自己 －自我呈現的理由－

你希望別人認為你是怎樣的人呢？

相信讀完CHAPTER7以後，這個問題會令你感到難以回答。覺得自己「很認真」、心想「希望別人也覺得我很認真」的人，可能會不假思索地認為「這就是自我驗證動機（我是個○○的人）的作用」吧？

我稍微換個方式提問好了。你希望工作上的對象覺得你是怎樣的人呢？還有，你希望朋友覺得你是怎樣的人呢？

舉例而言，假如你希望工作上的對象覺得你「很能幹」、希望朋友覺得你「很親切」，應該就會依照對象和狀況，來改變自己想被看見的模樣。你可能還會配合這些形象，改變自己的言行舉止。

然而，不論情況如何，共同點都是你想當個「討喜的人」。

我們展現出想要被看見的模樣，就是**「自我呈現」**的行為，其背後有各式各樣的理由（Tice & Faber, 2001）。

其一是**管理他人擁有的印象**（Baumeister, 1982）。如同剛才提到的例子，這和「希望別人怎麼看待自己」有關。

另一個理由，則是**利用向他人呈現的形象來「建構自我」**。這與「自己想成為怎樣的人」有關。

其他還有**「控制感情的理由」**（Leary, 1995），**藉由建立良好印象，來提高自己的正面情感、降低負面情感**。

自我評價變差時，往往會呈現「理想自我」

這些動機並不是一直以相同方式運作，**我們在課題失敗時**（Schneider, 1969），**或得到負面評價、自我形象受損時，會特別想要呈現「理想自我」**。

接下來要介紹的，就是關於這個現象的研究（Baumeister &Jones, 1978）。研究中，會請受試者做性向測驗，並通知他們要和初次見面的人組隊。之後，會傳給他們正面或負面的性向測驗結果，並且通知他們結果是否會公布給隊友（實際上還設定了其他條件，這裡姑且省略）。接下來，會請受試者評價自己的各種特性，目的是「向隊友介紹自己」。

確認受試者做的自我評價後，發現通知他們「會將性向測驗結果公布給隊友」時，得到正面測驗結果的受試者，在所有項目的自我評價都比較謙遜；得到負面測驗結果的受試者，在與性向測驗內容有關的項目中則會給自己較低的評價，但在無關的項目中會高度評價。可見他們在與公布給隊友的領域無關的領域中，會進行積極的自我呈現。

如果是「不會將性向測驗結果公布給隊友」的情況下，得到正面測驗結果的受試者會對所有項目的自我評價都很高；得到負面結果的受試者，在與性向測驗內容有關的項目中，則會給出比「公布測驗結果」的情況還要高的自我評價。可見**得到負面評價的受試者，會透過積極的自我呈現，管理他人印象或保持自我印象**。

各位可以用工作的成功和失敗來思考這個研究結果。

當工作成功時，如果別人也知道，我們就會避免過度張揚。具體而言，你的工作完成得很好，甚至在公司裡獲得表揚，這時你就會說「成功並不是單憑我一己之力」，或是「我只是湊巧做得很順手而已」之類的。

另一方面，當工作失敗時，如果別人也知道了，我們就會想向別人彰顯自己在這個領域之外的能力有多出色，例如：向同事傳達「雖然我這件案子失敗了，但其他案子都進行得很順利」等訊息。

相對地，明明工作很成功，卻沒有人知道時，我們就會想要召告天下「因為有我的努力，這件案子才能順利完成」、彰顯自己傑出的能力；如果工作失敗，卻沒有人知道時，我們則會比被人知道時更想展現自己「工作很能幹」。

有趣的是，得知測驗結果「會公布給隊友」的受試者，會在與測驗無關的領域，也就是在隊友不知道的領域裡，呈現理想的自己。

用剛才舉的例子來說，如果別人知道自己失敗了，我們就會試圖彰顯其他案子進行得多順利。由於其他案子的結果尚未揭曉，所以我們才能這樣展現。

我們在別人並不知道自己的成果或績效時，會格外想要做正向的自我呈現，因為這種自我呈現可能贏得他人的正面評價。

後面就來介紹探討這個現象的研究（Schlenker & Leary, 1982）。

研究中，會給受試者看一部劇本，請他們評價登場人物（目標）的討喜程度。劇本的內容是「目標人物在課題（期末考或網球賽）之前或之後，談論自己的表現水準」。劇本分成5個版本，將水準從「非常低」到「非常高」、總共設定了5個階段。

劇本的最後，又分成寫出課題結果、沒有寫出課題結果2種版本。寫出結果的版本裡，會是「非常低」到「非常高」的5階段中之一。

確認受試者對目標人物的好感度以後，發現在得知課題結果以前，目標人物愈是正面肯定自己的實力水準，受試者評價的好感度就愈高。換句話說，只要做正面的自我呈現，就能讓人產生好印象。

另一方面，在得知結果後，實際結果符合目標人物談論的水準時，受試者評價的好感度就會偏高。因為目標人物的自我評價具有客觀性、說服力，能讓人產生好印象。

各位讀到這裡，或許會覺得「換作是我，絕不會向別人聲稱自己的水準很高」，甚至會有人想「尤其是對認識的人，反而會謙虛低調地談論自己的能力」。而在一項研究中，就提到了**我們會對初次見面的人積極呈現自己；在朋友面前則會選擇收斂鋒芒**（Tice et al, 1995）。

實際上，我們經常做負面的自我呈現，這也是其來有自。
下一節我們就來詳細探討這個問題。

自我呈現的兩個方向

自我呈現有**「肯定性自我呈現」**和**「防衛性自我呈現」**之別（Jones &Pittman, 1982），兩者的差別在於是否積極地操作自己給他人的印象。
後面就來介紹其各自的策略。

肯定性自我呈現

肯定性自我呈現包含的策略有5種：逢迎、自我推薦、模範、威嚇、哀求。

「逢迎」即以博得對方喜愛為目的的行為，包含迎合和奉承。這種行為會朝著對方好的一面下手，成功就能獲得對方好感。下屬吹捧上司說「真不愧是您」就是典型之一。不過，動機一旦遭到識破，就會失去作用。

「自我推薦」則是以肯定的觀點，將自己的能力或價值告訴對方。例如：下屬對上司展現「我有工作能力」。對方或許會因此產生正面印象，但要是名不符實，就會造成反效果。

「模範」意即展現自己是個有道德的卓越人物。同理，如果上司對下屬展現出「我對所有下屬一視同仁」，實際行動卻截然不同，就會適得其反。

肯定性自我呈現未必只會展現好的一面。「威嚇」就是讓對方知道自己是個危險人物，藉此控制對方。例如：上司威脅下屬「這個工作要是沒做好，就降考績」。

「哀求」則是讓對方知道自己不好的一面，順利的話就能獲得對方幫助。例如：下屬對上司說「工作進展不順利，請您想想辦法」。

不過，威嚇和哀求不一定能夠引導對方做出期望中的行動，還可能帶給對方更負面的印象。

這些策略當中，逢迎和哀求都是藉由展現對方比自己優秀或不如對方，來得到自己期望的印象和行動的策略。這屬於負面的自我呈現，又稱作**「自我貶抑的自我呈現」**。

防衛性自我呈現

防衛性自我呈現是用來迴避對自己的負面印象，包含得知事情結果後的「辯解」和「正當化」。

另外，在事情結果尚未明朗時，**選擇行為或表現的場合，以便增加可將失敗歸因於外在（或以此當藉口）、將成功歸因於內在（獲得讚賞）的機會，即為「自我妨礙」的策略**（Berglas & Jones, 1978, p.406）。

我們為了維護自尊心和對自身能力的認知，會在事發前刻意減少努力程度，或是選擇

降低表現，這就是**「行動上的自我妨礙」**。

各位在學生時期，是否會在考試期間打掃房間或整理書桌呢？你可能是想「整理好環境，就可以專心讀書」，但這些行為或許就是基於行動上的自我妨礙。

此外，有的人會誇大自己努力不足，或聲稱有事妨礙自己做準備，這就是**「言語上的自我妨礙」**。

在重要的績效成果還不明確的時候，我們特別容易採取這種策略。

例如：有項工作需要做很重要的談判，你卻安插了其他專案的討論行程，或是指導後輩工作，減少準備時間，而且還會告訴周圍的人「都是因為突然插入其他工作，我才沒時間準備」。如此一來，若是談判過程不順利，就可以把失敗歸咎於自己忙於其他工作，不必怪罪自己能力不足；如果談判成功了，就可以肯定自己是個在百忙之中也面面俱到的能幹之人。

然而，要是不斷採取這種策略，可能會讓人產生負面印象。

不知道各位是否有過這樣的經驗。看見考前一直說「我完全沒唸書」、最後卻拿到好成績的同學，會覺得他「不唸書就能考這種分數，未免太優秀了」。但每次考試時他都這樣宣揚，久而久之就會覺得「他又來了」。後來才知道，他其實每次都很用功，反而會開始對他產生負面印象。

這就是想利用自我妨礙來彰顯能力，卻因為事實遭揭穿而適得其反的例子。

不過，**適度的自我妨礙，算是成功的自我呈現策略，有助於維持自尊心**。

後面就來介紹探討這個現象的研究（McCrea, 2008）。

研究中，會先測試受試者的自尊心程度，再請他們解答2道智力測驗的範例題，然後告訴他們答對1題、答錯1題，並提醒這個測驗需要充分練習才能得高分。

接著，給一半受試者練習的機會，另一半則否。再請他們做20題智力測驗，並回報低分的假成績。之後，請受試者回答會讓他們建立起「如果可以～的話，成績應該會更好」的反向思考（反事實思維）課題，最後再測試一次自尊心程度。

分析受試者的作答內容之後，發現沒有機會練習的受試者比有機會練習的受試者，更容易寫出與練習有關的向上反事實思維，例如：「如果可以練習的話，成績應該會更好」的內容。

探討反事實思維和自尊心的關聯後，可知有機會練習的受試者當中，建立愈多向上反事實思維的人，自尊心就愈低。因為在這個條件下，明明有機會練習，成績卻不好，他們就會感到懊惱、自尊心低落。

另一方面，沒有機會練習的人，反事實思維和自尊心之間並沒有產生關聯。這個條件的受試者可以使用自我妨礙策略，聲稱「都是因為我沒機會練習，成績才那麼差」，因此他們的自尊心並不會下降。

換言之，只要有自我妨礙的機會，我們就會加以利用，藉此來維持自尊心。

自我呈現會對自己造成什麼影響

「自我呈現」會改變自我概念。

舉例來說，請各位想像一下自己是組織裡的領袖。你為了善盡職責，言行舉止都特意表現出領袖風範，自我概念可能就會逐漸變成「有領導力」或「有行動力」。

後面就來介紹探討這種影響的研究（Tice, 1992）。

研究中，會請受試者在回答與自己有關的問題時，做出內向或外向的自我呈現。另外還設定了2個條件。研究人員會分別告知受試者，回答問題時會有其他人從單向玻璃觀察他（公開條件），或是不會有人觀察他（匿名條件）。待受試者回答完後，再請他們做自我評定。

確認受試者的自我評定後，發現內向自我呈現的人比外向自我呈現的人，更容易做出內向的自我評定，而且在會被其他人觀察的公開條件下，這種現象更明顯。受試者在向別人做出自我呈現時，會將自我呈現內化，也就是容易把內向納入自我概念中。

這個研究還有後續，就是請受試者拿著椅子進入等候室裡。等候室裡還有其他受試者（實際上是實驗幫手）坐在椅子上，目的是測量受試者放椅子的位置與距離，並記錄受試者和實驗幫手這3分鐘內的對話。

確認椅子的距離後，發現做出內向自我呈現的人，椅子的距離比外向自我呈現者更遠。而且，這個效應在公開條件下，也就是向別人做出自我呈現時，會更加明顯。

在公開條件下做出外向自我呈現的人，開啟話題的人數比內向自我呈現者多；但在匿名條件下，並沒有這種差異。也就是說，向他人做出自我呈現，會改變自我概念並影響行為。

這個結果暗示著，自我呈現可能會改變我們的自我概念。外向的言行舉止，尤其是在人前，會讓我們認為自己「很外向」，因而在與他人互動時也會採取偏外向的舉動。

剛才已經請各位想像自己是組織裡的領袖了，你現在有什麼感覺呢？

在這個研究裡（Tice, 1992），給受試者自我呈現的時間很短，因此他們的自我概念變化也只是暫時性的。

不過，假使我們真的成為組織裡的領袖，在工作上就需要經常講求領袖風範的自我呈現。當然，這種自我呈現也會在下屬等他人面前展現。

我們長期表現得像個領袖，就會開始把自己看成是「領袖」。最後便再也不需要扮演，就能自然做出領袖般的行動。

「職責會塑造人物」，就是透過這種機制而成立的。

CHAPTER

9 你在別人眼中是什麼模樣？

我在人群中很醒目嗎？ —聚光燈效應—

我們往往會以為自己的行為和外貌比實際上更引人注目，這種傾向就稱作**「聚光燈效應」**（Gilovich et al., 2000）。

舉例來說，當你不小心在平坦的路上跌倒時，會以為周圍的人都在看自己，覺得非常丟臉；或是你抵達公司後，不經意低頭看了一下，發現自己因為趕著出門而穿了和服裝完全不搭的鞋子，你就會忍不住心想「同事都發現了」，於是整天坐立難安。

因為你的注意力都在自己身上，便理所當然地認為別人也很容易注意到。但是，實際上周圍的人並沒有那麼關注你，同事也不在意你的穿搭。

我們會比實際上更高估周圍的人對自己的行為或外貌變化的關注程度。

後面就來介紹探討這點的研究（Gilovich et al., 2002）。

研究人員會讓互不相識的受試者分成3人一組，並請他們分別擔任電視遊樂器的玩家A、玩家B和觀察者。接著告訴他們「要來一場5回合的遊戲」，並在每一回合都要完成以下課題：擔任玩家的受試者，要評價自己的表現、另一名玩家隊友的表現，並推測隊友和觀察者會如何評價自己。

遊戲共有5個回合，因此可以透過各回合的評價有多少偏差，來檢討怎麼改善自己的表現。如果這時發生了聚光燈效應，受試者應該會覺得隊友比實際上更清楚察覺到自己的表現偏差。若要進行檢討，只要比較隊友對受試者的實際評價偏差，和受試者推測的評價偏差就可以了。

分析實驗結果後，發現受試者會強烈意識到隊友如何預測自己的表現偏差，也就是聚焦在「自己是否遊戲玩得好」上。然而實際上，隊友根本沒有那麼關注對方究竟做得好還是不好。

另外，觀察者實際的評價偏差，和受試者對觀察者的評價推測偏差，兩者之間並沒有明顯差異。這個效應之所以只發生在玩家之間，是因為受試者無法認知到「隊友也忙著玩遊戲」這件事。

就像剛才舉過的例子，我們常覺得自己不同以往的裝扮會成為焦點，但同事其實忙於工作，根本沒有把注意力放在他人的外貌變化上。

請各位換個立場思考看看，或許你也不會發現身邊的人換了髮型。

我被看穿了嗎？ ─透明度錯覺─

我們有時候會覺得，別人應該都知道我們在想什麼、有什麼感受。

的確，和親密的人之間，即使不需要言語，也能瞭解彼此的心情。如果對方實際的瞭解程度和你認為的一樣，自然沒有問題。

然而，**我們經常誤以為他人比實際上更能理解自己的內心**，這就稱作**「透明度錯覺」**（Gilovich et al., 1988）。

關於透明度錯覺的研究中，研究人員請受試者進行了說謊遊戲，以及面無表情喝下難喝飲料，並詢問他們覺得會有多少人看穿真相。

分析結果後，發現受試者認為自己暴露的程度，比周圍觀眾的實際評定還要高。

若要思考別人是否瞭解自己，必須站在「他人的觀點」上，這個方法就稱作「觀點取替」。不過，我們往往會不由自主地以自己為基準來思考，無法充分修正成他人的觀點，這就是造成偏誤的原因。

因此，當我們專注於自身時，透明度錯覺就會變得更嚴重。後面就來介紹探討這個現象的研究（Vorauer & Ross, 1999）。

這項研究中，會讓一半受試者扮演行為者角色，另一半扮演觀察者角色。行為者需閱讀3篇文章，並選擇如何處理文章裡談到的人際關係問題。

以下是文章和選項的範例：

4個月前，你聘請了朋友的女兒當祕書。雖然她笨手笨腳的，卻很努力工作。她的父親一直對你很好，所以你很珍惜這份友誼。他相信自己的女兒很優秀，甚至還說：「我的女兒熱愛工作。」

選項

（a）安排另一名職員，負責關注她的工作和彌補她的過失。
（b）設法逼她辭職。
（c）提高工作難度，讓她願意主動請辭。
（d）讓她進修。

接著，把行為者對這些問題的回答告訴觀察者，請他們用30個性格特質詞彙，來描述自己對行為者的印象。

另外，會請行為者完成2份問卷。其一是根據自己的回答，評定自己的判斷正確度，並針對30個性格特質詞彙，推測觀察者正確判斷出各個特質的程度。另一項問卷，則是請他們同樣用30個性格特質詞彙來評定自己。

研究過程中，會利用先做哪一份問卷，來操作行為者對自己的關注程度。透過先推測他人評定，再進行自我評定，設定自我關注度低的條件；反之，透過先自我評定，再推測他人評定，設定自我關注度高的條件。

比較兩種評定結果後，發現受試者在自我關注度高的條件下，更容易認為觀察者可以藉由自己對人際關係問題的回答來看穿自己。但是，觀察者的實際評定結果裡，並沒有因為條件不同而出現差異。

可見過度關注自己，會導致無法順利做到觀點取替，並加重透明度錯覺。

微小的行為資訊不可能完全透露人的各種面向和性格，我們卻會誤以為別人看透了自己的內心。尤其是**我們想要隱瞞真相、思考自己的事情時，常常因為過於專注自身，而產生「透明度錯覺」**。

假設你正在應付上司講的玩笑話、和周圍的人一起樂不可支，內心卻覺得無聊透頂。這時，一旦你開始想自己的表情會不會太假，就會擔心真正的想法曝光，這就是透明度錯覺。

我被選中了嗎？ －自我意識與過度目標化－

聚光燈效應和透明度錯覺，都與**「自我中心偏誤」**有關，意即**過度認定自己是事情的主因或目標的心理現象**（Zuckerman et al., 1983）。

在CHAPTER2介紹自利性偏誤時，也談到了這個概念。進行多人參與的課題時，我們都會將自己的貢獻度評估得比其他人高。

而**過度認定自己成為目標**，又稱作**「自我意識與過度目標化」**。具體而言，**當處於要在群體內挑選目標的狀況時，往往以為自己會被選中**。

這裡就來介紹探討這種心態的研究（Fenigstein, 1984）。

首先，會將受試者分成8人一組，並讓他們橫向排列坐好，告訴他們「要選出1人來示範」。

研究人員會向其中一半組別解說示範的正面內容，對另一半組別解說負面內容。接著詢問一半受試者認為自己中選的機率，再問另一半受試者隔壁的人中選的機率。

確認受試者的回答後，發現不論解說的示範內容如何，受試者都認為自己中選的機率比其他人高。尤其是對自己的關注度高、自我意識強烈的受試者，這種效應會更明顯。愈是關注自己的人，愈會高估自己成為目標的可能性。

好比說在學生時代，各位是否曾在沒有預習的狀況下開始上英文課呢？明明知道應該先預習、翻譯好英文，卻連單字都不查，筆記本一片空白。這時，愈是覺得被老師點名就完蛋了，就愈會高估自己被點中的機率。

或許，你現在在公司開會時，還是會抱有這種忐忑不安的心情吧！

CHAPTER
10 你「眼中的自己」是真正的自己嗎？

重要他人會改變對自己的觀點

CHAPTER 7中說明了「自我概念」，介紹我們對自己的概念會因狀況而改變的現象。自我概念除了會受到暫時性因素影響，在重要他人的概念活化時也會發生變動。「重要他人」就是我們認為和對方的關係很重要的人，包含父母、兄弟姊妹、摯友和伴侶。這種對他人的認知也包含在自我概念裡，因此他人概念的活化也會影響自我概念。**當我們想起重要他人時（包含無意識想起），對自己的觀點也會改變。**

後面就來介紹探討這個現象的研究（Baldwin et al., 1990）。

研究的受試者是主修心理學的研究生。對他們而言，擔任研究所所長的心理學者是重要他人。研究人員事先準備了該名學者皺眉的照片，以及某位研究生露出笑容的照片。

研究中，會請受試者寫下對研究的構想，並請他們針對構想做自我評價的同時觀看螢幕，在螢幕閃爍時按下反應鈕。

實驗進行途中，研究人員會趁著受試者無法意識到的瞬間，將準備好的學者照片和其他研究生照片從他們眼前一閃而逝。也就是說，當受試者在評價自己的構想時，會不知不覺中活化重要他人（學者）或是不重要他人（研究生）的概念。

確認受試者的自我評價後，發現呈現出研究生照片後的評價，會比呈現學者照片後的評價更加正面。可見呈現學者的照片，會活化重要他人的概念，使受試者的自我評價下降。不過，這也可能是因為活化負面概念而產生的結果。換言之，無論照片裡是否為重要他人，皺眉的表情可能影響到自我評價。

為了探討這種可能，下一項研究準備了心理學者皺眉的照片、羅馬教宗皺眉的照片，以及作為控制條件（為了比較用）的空白圖片，並委託天主教徒的女學生參加研究。對受試者來說，羅馬教宗的重要度很高，心理學者的重要度較低。

研究中，會請受試者閱讀某位女性書寫的春夢內容，同時螢幕會閃過心理學者、羅馬教宗或白色圖片。確認沒有受試者察覺照片閃過後，請她們回答關於自己的問題。

分析完受試者的回答後，發現羅馬教宗的照片閃過且格外虔誠的受試者，自我評價會比其他條件下的受試者低。可見羅馬教宗的概念活化後，受試者對於在研究程序中讀了故事的自己的評價降低。由此可知，這個效應會因重要他人的概念包含在自我概念裡的程度不同而異。

包含在自我概念裡的重要他人概念，會在無意識中影響我們對自己的觀點。剛才介紹的研究中，顯示了即使受試者沒有察覺自己看到重要他人，也一樣會發生這個效應。

此外，**重要他人概念也會因為出現相似的人而活化**（Hinkley ＆ Andersen, 1996）。

換言之，我們「眼中的自己」並非恆常不變。假設你的上司和學生時代的恩師長得很像，當你和上司相處時，可能就會變成以往與恩師相處時的自己了。

自我反思的極限

前述已經說明了，即使沒有察覺，自我概念仍會因為狀況而改變。此外，自我還包含了自己無法意識到的部分。

舉例來說，你認為自己對某人抱有好感，可是仔細思考理由，可能就會改變原本的心意。這是因為你無法連結到真正的理由。

很遺憾地，我們的「自我反思」具有極限。我們會為了舉出理由而強行編造出一套說法，又因為這套說法不合邏輯而造成混亂。

因此，**會導致一個人自我陳述的態度和行動不一致**。

後面就來介紹探討這個現象的研究（Wilson et al., 1984）。

首先，研究人員會請受試者玩拼圖。一半受試者必須同時進行**「理由分析」**，說出覺得拼圖「好不好玩」，並說明理由；另一半受試者則只要玩拼圖就好。結束後，研究人員會再請受試者評價拼圖的有趣程度，並記錄他們在等待時間裡是否會玩拼圖。

分析受試者自我陳述的態度和行動之間的關聯後，發現進行過理由分析的受試者，其態度和行動之間不太產生關聯。有些人認為拼圖「好玩」，卻不會再玩；有些人認為拼圖「不好玩」，卻會拿來玩。

下一項研究，則是讓受試者觀看風景照的投影片，設定做理由分析的條件以及什麼都不做的條件，並記錄他們觀賞投影片的表情。之後，請受試者自我陳述對照片的評價，並透過之前記錄的表情來測試受試者的行動。

分析受試者自我陳述的態度與行動之間的關聯後，同樣發現做了理由分析的受試者在兩者的關聯度偏低。

整理一下目前得到的結論。

請受試者分析自己對拼圖或照片的態度後，他們的態度和行動並不一致。

我們再看下一項研究。這次是委託情侶參加實驗，請他們評價雙方的關係（看到這裡，你可能已經隱約察覺到會發生什麼事了）。研究中，引導情侶分別進入不同房間，然後請一半的人分析並寫下「繼續和對方交往的理由」，另一半的人則什麼都不用做。

之後，請受試者評定「自己的這段關係」，目的是瞭解其自我陳述的態度。接著，請受試者情侶一起解決某項問題，這時會記錄並分析他們的非語言行為，測試其短期行動。此外，為了測試長期行動，32～41週後會詢問他們是否還在交往（好了，你應該已經知道這項研究結果了吧？）。

做過理由分析的情侶，自我陳述的態度和交往與否的關聯度很低。認為「很滿意這段關係」的情侶，有的卻在1年內分手；認為「不滿意這段關係」的情侶，卻又繼續和對方交往。而關於和短期行動之間的關聯，只有部分樣本可作為指標，但也可以確定理由分析會造成影響。

從這些結果可以得知，**分析「我為何會這麼想」的理由，未必可以加深對自己的理解**。除此之外，**理由分析會降低對自己行動的預測**（Wilson & LaFleur, 1995），以及**降低對選中商品的滿意度**（Wilson et al., 1993），這些都已經獲得證明（Wilson, 2009）。

由此可見，**我們會根據似乎合理但不正確的解釋來判斷自己的態度，導致態度與行動乖離**。因此，我們應該避免為了瞭解自己而進行理由分析。對於親密伴侶，最好也不要詢問「你為什麼跟我交往？」、「你為什麼會喜歡我？」之類的問題。

如何發現難以察覺的自己

前面介紹的研究，大多是請受試者用自我陳述的方式，評定自己或其他對象。

然而，如同理由分析的相關研究結果顯示，我們的行動可能源自於自己沒有意識到的過程。不僅如此，我們很難完整連結到自我概念。

換言之，我們都擁有自己無法意識到的一面。

既然如此，透過自我陳述測試出的結果，還算是「真正的自己」嗎？

其實，透過自我陳述做出的評定，並非完全是錯誤的。我們認為自己是個「○○的人」的觀點，也未必是錯的。

我們都有「容易察覺的自己」和「難以察覺的自己」。對於前者，可以透過自我陳述來測試；對於後者，則需要使用另一種方法。

此外，自我陳述有時會做調整。舉例來說，當別人詢問「你喜歡工作嗎？」的時候，你會怎麼回答呢？

如果是在人事考核的面談中被上司詢問，你應該會盡可能呈現理想自我。就算無需考慮考核，想必你也不會想否定自己的心血，而會給出肯定的答覆吧？我們像這樣有意識地調整自己的回答，就是**調整了自我陳述的內容**。

社會心理學領域中有一種方法，可以排除上述問題、間接測試出態度，此即「內隱連結測驗*3」（Greenwald et al., 1998）。這裡省略了詳細說明，各位只要知道這是測試概念連結強度的方法就好。

舉例來說，正面看待自己的人，對於連結自己與正面事物的程度較強，與負面事物的較弱。不僅如此，連結他人和正面事物的程度也偏弱。簡而言之，這類人在「自己+價值」的連結，會比「自己+無用」或「他人+價值」的連結強。

若要將這些單字分類，正面看待自己的人可以快速地分出「自己+價值」、「他人+無用」，但很難分出「自己+無用」、「他人+價值」。分類時花費的時間差距愈大，就代表其自尊心愈高。只要利用這個方法，就可以間接測出自尊心的高低。

有一項研究直接詢問受試者關於自尊心的問題，並將得出的指標與利用上述方法獲得的結果進行分析，發現兩者的關聯性不高（Greenwald & Farnham, 2000）。思考再陳述的過程是可控的，與透過間接方法測出的結果自然不太具有一貫性。

既然如此，我們該怎麼做才能瞭解自己呢？

有個方法可以解決這項難題，那就是觀察自己的行為，並藉此推論出自己的心態。

例如：如果你想知道自己有多肯定自己，就思考一下周遭的人給予的回饋中，你關注的是好意見還是壞意見。

在人事考核的面談中，上司會提出你值得發展的正面表現，以及應當改善的負面表現。而你的注意力可能集中在其中一面，或是只記得其中一種表現。這時，你就可以藉此推論自己的自尊心程度。如果你常常想起正面表現，就代表你習慣正面肯定自己。

看到這裡，或許會有人覺得這個方法似曾相識。其實，這個方法正是活用了CHAPTER7解說自我驗證動機時介紹的研究（Story, 1998）。透過行為觀察得出的推論，不僅有助於瞭解自我，也能幫助我們瞭解如何看待他人。

＊3 隱連結測驗的測試範例可參考下列網站：（Project Implicit https://implicit.harvard.edu/ implicit/takeatest.html）

PART 4

如何建立「團體」的印象

CHAPTER

11 你怎麼看待其他群體？

刻板印象、偏見與歧視

PART 1中，介紹過幾種團體偏誤，都是與內團體（自己所屬團體）和外團體（其他團體）的區別有關。這裡就來說明關於外團體及其成員的印象形成的過程。

「刻板印象」是指將特定團體成員的屬性普遍化的固定概念。

例如：PART 2的例子中，我們會將「團隊運動隊長」這個社會類別連結到「外向」屬性，塑造出「團隊運動隊長都很外向」的信念。而這可以說是對團體的「認知性知識結構」（基模）。

此一基模再加上「好與壞」的評價要素、「喜歡與討厭」的情感要素後，就會形成「偏見」。例如：「團隊運動隊長都很外向，這樣很好」。不過，偏見通常會用於伴隨負面評價和情感的時候。

根據偏見做出選擇、決策等行動後，就會造成「歧視」。例如：聘請業務員時，會優先考量選用擔任過團隊運動隊長的人。

接著就來看看，為什麼我們會對這種特定團體成員產生刻板印象，以及為什麼刻板印象不會輕易改變。

刻板印象是如何建立的？ －刻板印象的形成－

將多個他人看成一群，並對他們建立整體印象，就會塑造出刻板印象。我們的認知會以各種形式塑造出刻板印象，這個過程就稱為**「歸類」**。接下來，就來談談歸類的形成過程，以及**「錯覺相關」**現象。

歸類的影響

我們平常會遇見很多人，因此必須快速判斷對方是怎樣的人、需要如何應對。請各位回想一下，ＰＡＲＴ１中介紹過的雙重歷程模型（Brewer, 1988）和連續體模型（Fiske & Neuberg, 1990）。如同前述，藉由將他人歸類，就能用簡化的觀點看待對方。

日常生活中，我們經常會將他人歸類。舉例而言，坐在捷運座位上時，如果有老年人站在眼前，我們就會想起身讓座；如果對方是年輕人，我們就會繼續坐著。這是依照年齡歸類對方後，才會做出的行為選擇。人的年齡很容易從外表判定（雖然也有人的外表看不出年齡），所以方便用來分類。

同理，人種和性別這類根據視覺歸納的資訊，也經常被用於判斷他人。這個做法本身並沒有不好，但是必須注意的是，這種歸類攸關刻板印象的形成。

PART 1中提到，透過內團體和外團體的歸類，會產生內團體偏私現象、團體同質性感知和黑羊效應。尤其是在面對外團體時，更容易感知到團體同質性。也就是說，**我們會將外團體的某個成員特性，看作是其所屬團體成員共同擁有的特性**。

舉例來說，我們看到非裔美國運動員在比賽中大顯身手，就會覺得非洲人的體能都很出類拔萃。但是，照理來說也有體能不佳的非洲人。這就跟外國人經常用禮儀端正的形象來描述日本人一樣。這種將外團體成員一視同仁的觀點，很可能形成對該團體成員的刻板印象。

錯覺相關的影響

另外還有一個與形成刻板印象有關的過程，會發生在2個醒目事物同時存在的情況下。兩者實際上毫無關聯或關聯性非常低，我們卻會在無意間認為有很強的關聯性。

少數派的團體往往很顯眼。例如：在充斥女性的職場上，男性會格外引人注目；做出他人認為不理想的行動，也會比做出理想行動更醒目。在這種狀況下，如果男性職員做出不理想行動，「男性」這個類別就會和「不理想」這個特性連結在一起，讓人感覺兩者有關聯。這種**建立錯誤關聯的現象**，就稱作**「錯覺相關」**（Hamilton & Gifford, 1976）。

後面就來介紹探討這個現象的研究（Hamilton et al., 1985）。

研究中，會發給受試者1本手冊，請他們閱讀。手冊裡羅列了39位目標人物，每頁介紹1人，記載著其團體名稱（A或B）和該名人物的行為（理想或不理想的行為）。

具體而言，A團體中有18人做出理想行為、8人做出不理想行為；B團體中有9人做出理想行為、4人做出不理想行為。受試者要以每頁10秒的速度讀完手冊，並在讀完整本手冊的4分鐘後，寫下所有記得的內容。

接下來，研究人員會告訴受試者A團體有26人、B團體有13人，請他們回想各個團體的理想行為和不理想行為數量並作答，同時評定對各團體的好感度。

探討受試者的記憶後，發現不理想行為比理想行為更容易被記住；而且人數少的B團體做的不理想行為，比A團體的不理想行為和兩個團體的理想行為，更容易被記住。在好感度的評價上，則是A團體比B團體討喜。

請各位注意實驗中提供的行為數量，2個團體的理想行為和不理想行為比例是相同的。儘管如此，少數派的不理想行為卻會令人記憶深刻，使人降低對該團體的好感度。

也就是說，**我們會把「少數派團體」和「不理想行為」這2個醒目要素連結在一起**。

由此可知，「少數派」此一屬性會促使我們對該團體形成負面的刻板印象。

因此，在女性占多數的職場中的男性、男性占多數的職場中的女性、身在異鄉的外國人等等，所做出的不理想行為都會備受關注，進而令人容易對其類別建立起負面的刻板印象。

刻板印象難以改變或消除 －刻板印象的維持－

刻板印象一旦成形，就難以改變或消除，我們的認知會用各種方式來維持。接下來，就從資訊處理中的確認偏誤作用、子類別化的過程和刻板印象內容的觀點來探討這個現象。

確認偏誤的影響

PART 2中談過，我們會經由對他人資訊的搜尋、記憶、解釋和預測階段，逐步確認自己的信念。

如果你遇見的A曾經當過團隊運動隊長，你就會從A的資訊中尋找符合「團隊運動隊長都很外向」的刻板印象，而且特別記得他的外向特質。得到與A相關的新資訊時，你也會解讀成是因為他很外向；預測A的行動時，也認定他會採取外向行動。這種確認偏誤的作用，會維持我們腦中的刻板印象。

子類別化的影響

與維持刻板印象有關的認知過程，還有**「子類別化」**。**當目標人物的資訊不符合團體的刻板印象時，我們會在該團體內建立新的子類別**（Weber & Crocker, 1983）。

比如說，你剛認識的B雖然當過團隊運動隊長，可是他在談話中顯得一點都不外向。後來認識的C也一樣當過隊長，同樣不是外向性格的人。

有了這些經驗後，理應可以修正你對「團隊運動隊長都很外向」的信念。不過，一旦出現子類別化後，就另當別論了。因為你認為在「團隊運動隊長」這個團體裡，還有「沉默寡言的隊長」這個例外的子類別。因此，當你遇見不外向的團隊運動隊長時，就會覺得「這個人是例外」，並繼續維持「團隊運動隊長都很外向」的刻板印象。

同樣地，假設公司裡的男主管有「女人成不了事」的刻板印象，但調到他所屬部門的A女和新人B女都是很優秀的商務人士。這時，他應該會修正自己的信念，並對女性的工作能力改觀才對。然而，他可能只是把A女和B女當作例外的「女強人」，繼續維持對女性的刻板印象。

談到這裡，你應該已經發現了。我們平常會用「女強人」這個詞彙，就連現在我在解說時也用了，而這正是女性團體裡子類別化的典型。

刻板印象內容模型中的團體定位

刻板印象的維持，可能會受到我們對外團體的看法影響。

後面就來介紹與此相關的**「刻板印象內容模型」**（Fiske et al., 2002）。

有項研究分析並探討了我們觀察他人時使用的性格特質詞彙，發現「社會的好壞」與「理智的好壞」2個維度（Rosenberg et al., 1968）。以下舉出幾項性格特質詞彙來說明。

在社會的好壞軸上，分別將正面的「誠實」、「善於社交」、「溫暖」，和負面的「不誠實」、「不親切」、「冷漠」等特性置於極端；而在理智的好壞軸上，則分別將正面的「有科學性」、「堅決」、「勤勉」，和負面的「愚昧」、「輕浮」、「無理解力」等特性置於極端。

換言之，**我們在觀察他人時，會看對方的人品和能力**。你在描述他人時，應該也經常用「A很和善」、「B很優秀」等表現吧？

我們也會用這種維度來看待團體。有項研究分析了人對各團體的印象後，發現刻板印象可以利用「溫暖」和「能力」這2個維度來理解。刻板印象內容模型就是以此來表現刻板印象。

根據這個模型，**團體之間的地位和競爭取決於將其他團體定位於維度中的哪個位置**。

具體來說，我們對於地位比自己團體低、沒有競爭關係的團體（例如：老年人），都會有「溫暖但能力低」的刻板印象；而對於地位比自己團體高、有競爭關係的團體（例如：高學歷人士），則會有「能力高但冷漠」的刻板印象。

我們會以這種方式，一方面肯定、一方面否定對方的團體。這就是**「矛盾刻板印象」**（兩面性刻板印象）。

此外，也有「冷漠且能力低」、2個維度都被低估的團體（例如：窮人）；或是「能力高且溫暖」、2個維度都被高估的團體，我們往往會如此定位自己的團體（內團體）。

將內團體定位在理想位置，意味著身為其中一員的自己也是理想人物。

PART3中談過，我們都具有正面看待自己的動機。將內團體視為理想團體，就能滿足人的這項動機。

此外，這種刻板印象也會連結到偏見情感，例如：輕蔑「冷漠且能力低」的團體、讚賞「能力高且溫暖」的團體；以及對「溫暖但能力低」的團體產生憐憫之情、對「能力高卻冷漠」的團體產生嫉妒之情。

需要注意的是，憐憫和嫉妒都混合了正面和負面的情感。對其他團體心生憐憫，除了基於同情之外，還建立在對方團體不如自己團體的認知上。因為對自己而言無害，有時還會保護這類團體。

至於對其他團體心生嫉妒，則會伴隨著對其優秀特質的憤慨和怨恨。擁有出色能力的團體可能會成為威脅，因此有時會攻擊這類團體。

關於這種偏見情感導致的歧視行為，後面會再詳細說明。

團體定位造成的矛盾性別歧視

剛才談到，刻板印象內容模型顯示出我們會經常將其他團體定位出兩面性。由此可知，溫暖和能力的維度會呈現一方高、一方低的模式。這個概念也與**「矛盾性別歧視」**（Glick & Fiske, 1996）有關。後面就來介紹關於此一主題的研究。

根據研究內容，對女性的歧視又分為「敵意型性別歧視」與「親善型性別歧視」。前者是對於非傳統女性的歧視，意即在父權商業社會中展現能力的女性（即所謂的女強人）。大眾承認她們的能力，卻認為她們缺乏溫暖。例如：A女能力出色，卻得到「A女在工作上確實能幹，但一點都不體貼下屬」等評價。而這種印象會阻礙A女的升遷。後者則是對傳統女性的歧視，意即肩負傳統性別職責範圍的家庭主婦。大眾認同她們的溫暖，卻低估她們的能力。例如：「B女很溫柔，但工作能力普通」。後者建立了「溫柔」的印象，乍看之下帶有肯定意味。不僅如此，還會讓人覺得「這個工作對B女來說應該很難」，從而讓B女得到他人幫助。

幫助是一種替對方著想的正面利他行為，B女或許會因此滿懷感激地接受。然而，這種性別歧視還有一項重大問題。

舉例而言，在所有下屬都從事相同工作的職場上，上司用姓氏稱呼男性下屬，卻對女性下屬C稱呼名字，或是評論其容貌。這種行為會給周圍的人營造出C女的工作表現很遜色的印象，從而阻礙其升遷。

制度正當化動機的影響

剛才說明的例子，都是我們平常隨時可見的現象。

全球主要國家中，日本擔任管理職務的女性比例偏低。公平錄用相關的法律實施至今，也還不滿40年。現在的企業經營階層中，還有很多法律生效前入職的資深人士。改變需要花上很長的時間，這或許就是女性領導者的任用遲遲未見起色的原因之一。

不過，我們的社會制度正當化動機，也可能致使變化難以發生，後面就來談論這點。

「制度正當化動機」是指接受並支持社會制度的動機（Jost et al., 2012）。根據這個理論，對團體的刻板印象就扮演了制度正當化的角色（Jost & Banaji, 1994）。

即便是社會制度裡低地位團體的成員，也可能會認同制度的公平性和正當性，其中一個理由就是「降低失調機制」。

低地位團體的成員雖然認為社會制度會造成自己的損失，但又覺得自己對制度的穩定帶來貢獻。**為了降低認知不協調的情況，反而會支持維持現狀**（Jost et al., 2003）。

關於這個理論，各位可以用剛才談到的矛盾刻板印象來思考。

被視為「溫暖但能力低」的團體都能接受自己的刻板印象，並得到有能力的團體保護。其中或許還有團體成員認為，站在被保護的立場才有好處。這種現象促使了刻板印象和社會制度繼續維持下去。

針對團體偏見與行動的偏差圖

根據刻板印象內容模型，團體的刻板印象會連結到偏見情感。而發展這個模型的理論就是**「偏差圖」**（Cuddy et al., 2007）。

按照這個理論，刻板印象和偏見情感會引發對該團體的行動。溫暖維度會引起支援、傷害等積極行動；能力維度則會引起忽視、合作等消極行動（圖6）。

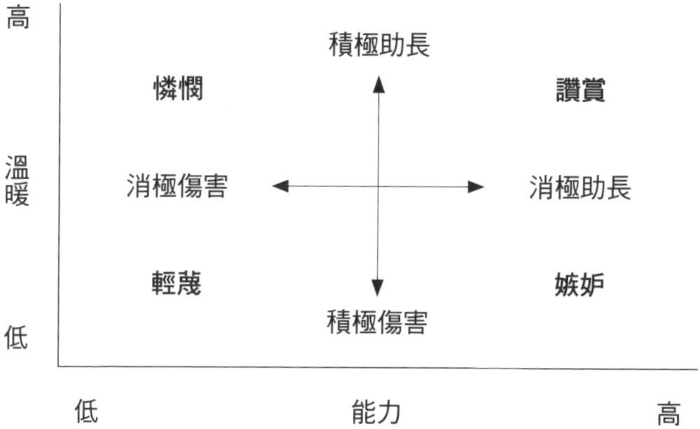

參照Cuddy et al.（2007）製圖。

圖6. 偏差圖的概念

模型探討了我們將團體定位後，對該團體採取的行動。

讚賞「能力高且溫暖」的團體，會使人與其成員合作和接觸；輕蔑「冷漠且能力低」的團體，會使人排斥和忽略其成員；憐憫「溫暖但能力低」的團體，會使人願意積極援助其成員，同時可能消極迴避；嫉妒「能力高但冷漠」的團體，會使人消極地與其成員協調，同時可能引發積極的敵視行為。

整理一下目前談論過的內容。刻

板印象內容模型和偏差圖描述了我們如何掌握對方團體的印象，以及會對其產生怎樣的情感、採取什麼行動。

我們會避免對其他團體表現出露骨的偏見情感或歧視行為，因為我們知道這麼做會受到撻伐。然而，我們會**私下將其他團體定位在不如自己的位置，並懷抱偏見或歧視**。這種**矛盾刻板印象**會使我們避免接觸其他人種（Gaertner & Dovidio, 1986），或是造成剛才提到的年齡歧視、性別歧視等問題。

制度正當化理論指出社會的階級制度不變的原因，並說明刻板印象維持的過程。如同前述，正當化動機的作用會阻止我們改變對其他團體的印象，並使我們本身維持自己的印象。

此外，矛盾性別歧視理論談論了男性對女性的歧視，但問題當然並非僅止於此，還有女性對男性的歧視、同性歧視等等。

近年來，不少男性會擔任家庭主夫的角色、請育嬰假，但是「男人就該在社會上工作」的傳統性別觀念會阻礙這種變化。同性之間也會嫉妒能力高的團體成員，進而做出扯後腿、散播惡意謠言等攻擊行為。從古至今，性向和性別認同相關的歧視就是相當嚴重的問題。

看到這裡，你或許會擔心自己有這種對團體類別的刻板印象，甚至帶有偏見與歧視；或是你自認為沒有這種偏見，也不會歧視別人。

無論如何，如果想知道是否真的符合自己的認知，可以回想一下PART3介紹的內隱連結測驗，測試出自己對特定團體抱持的潛在態度。該測驗也包含了這節談到的年齡、性別、職業、性向相關課題（二〇二一年十月）。

CHAPTER 12 你會怎麼向同伴敘述其他群體？

大家應該都有同感 －共享刻板印象－

刻板印象是連結特定團體成員及其屬性的認知，其中不只「自己認為」，還與「認為別人也有同感」有關。

舉例而言，認為「團隊運動隊長都很外向」的人，會以為大多數人都抱有這種感覺，尤其是自己所屬團體成員。像這樣對共享的感知愈明顯，就愈會用刻板印象來看待特定團體。後面就來介紹探討這個現象的研究（Haslam et al., 1996）。

研究的實驗對象是澳洲大學生。研究人員會請受試者從84個詞彙中，選出5個來表達澳洲人（自團體條件）或美國人（他團體條件）的典型特徵。

清單中的84個詞彙，會用醒目的大字標記與澳洲人特徵相關的5個詞彙（例如：誠實），或是與美國人特徵相關的5個詞彙（例如：國家主義）。此外，還會說明用大字標記的詞彙是根據以前的調查結果所選出的。而以前調查的受試者，是同樣為大學生且不具偏見的人（內團體），或其他團體且具有偏見的人（外團體）。

研究中的受試者會根據被告知的條件，選出5個詞彙，並推測團體裡符合選中特徵的人數比例。具體來說，自團體條件即從84個詞彙中選出5個來表達澳洲人的特徵，並回答符合這些特徵的澳洲人比例；他團體條件即從84個詞彙中選出5個來表達美國人的特徵，並回答符合這些特徵的美國人比例。

分析受試者選擇的澳洲人特徵相關詞彙後，發現若先告知他們「這是外團體的人選出的澳洲人特徵」，他們就不太會選擇相同詞彙，並且認為符合該特徵的澳洲人比例很低。

由此可知，當外團體成員用刻板印象看待我們時，我們就會產生反彈的心態。

另一方面，分析受試者選擇的美國人特徵相關詞彙後，則發現若先告知他們「這是同校大學生（內團體）選出的美國人特徵」，他們大多會選擇相同詞彙，並且認為符合該特徵的美國人比例很高。

也就是說，當我們知道內團體成員擁有某個刻板印象後，就會加強這個印象，因共享認知而強化觀點。

舉例來說，某企業的面試官A有「團隊運動隊長都很外向」的信念。當A有一天跟同事談話時，發現同事B和同事C同樣認為「團隊運動隊長都很外向」時，就會更加確定自己的信念。

與身為內團體成員的同事共享相同的刻板印象，會強化「團隊運動隊長都很外向」的印象。而當A得知來面試的應徵者D當過團隊運動隊長後，就會覺得「D肯定是個外向的人」了。

如何擴大共享信念？

共享現實會強化信念、連結同伴

刻板印象是我們（以為）與他人（尤其是內團體成員）共享的信念。關於這點，應該可以當作一種**「共享現實」**。

PART 2中談過，我們都以為自己和他人擁有相同經驗。**透過擁有「共享現實」，我們會認為並相信自己對世界的理解是正確的認知**（Hardin & Higgins, 1996），**並獲得與他人連結的感受**（Echterhoff & Higgins, 2018）。前者是**「動機性認知」**，後者則是**「動機性連結」**（Echterhoff & Higgins, 2021），兩者會互相影響。

和他人共同經歷世界真相，**擁有動機性認知，就會建立動機性連結，從而帶來與他人的親密經驗**（Ecterhoff & Higgins, 2021, p.186）。此即動機性認知影響動機性連結的過程。舉例而言，面試官A得知同事和自己一樣認為「團隊運動隊長都很外向」後，就會覺得自己和同事有連結、得到親密感。

他人建構出和自己一樣的經歷，也就是**自己的經驗變成共享經驗、得到動機性連結，這個經驗就會從主觀轉成客觀並成為真相，建立動機性認知**（Ecterhoff & Higgins, 2021, p.186）。此即動機性連結影響動機性認知的過程。

舉例而言，應徵者D當過團隊運動隊長，表現也如面試官預期地外向。這時，當面試官A聽到一起負責面試的同事E說「事情果然如你所料」，就會再度加強這股信念。

符合刻板印象的資訊容易成為話題

如同前面談到的，我們會藉由與他人共享現實而連結在一起，同時藉由與他人的連結而共享現實。這種交互作用，會透過交流來進行。

剛才說到，刻板印象也可以視為一種共享現實。其實，與刻板印象有關的交流，在我們與他人的連結中扮演相當重要的角色。我們會透過談論符合刻板印象的資訊，與談話對象建立關係。

雙方對話中，經常談到符合第三者刻板印象的資訊，這就稱作**「刻板印象一致性偏誤」**（Clark & Kashima, 2007）。交流符合第三者刻板印象的資訊，除了向對方傳達好意，還可建立雙方的相似性及共同基礎。

後面就來介紹探討這個現象的研究（Clark & Kashima, 2007）。

第1項實驗中，研究人員會發給受試者1篇描寫年輕男子（目標人物）的文章。文章裡包含符合和不符合男性刻板印象的資訊，以及和刻板印象無關的資訊。例如：文中說明目標人物的職業是足球選手或作家，足球選手即符合男性刻板印象；作家即不符合男性刻板印象。

接著，會請受試者針對文章中的資訊回答「如果你要向同校大學生（傳達對象）轉達，你會說到什麼程度呢？」、「這對於建立你和傳達對象的連結有多少助益？」等與連結有關的項目，以及「這對於讓傳達對象瞭解目標人物有多少助益？」等與資訊價值有關的項目。

分析結果後，發現符合目標人物刻板印象的資訊有助於和交流對象建立連結，但資訊價值很低。

由此可知，我們為了與交流對象──特別是內團體成員──建立關係時，可能會談論第三者的刻板印象。因為我們認為刻板印象可以拉近彼此的距離。

舉例來說，A對另一部門的同輩C談到自己的上司B時，會以B的刻板印象相關資訊（幹練的女強人、對下屬很嚴厲等等）作為話題。如此一來，和同輩C就會愈聊愈熱絡。

剛才介紹的研究（Clark & Kashima, 2007）還有後續。

這次的實驗是請受試者將接收到的資訊傳遞給下一個人（連鎖再生法），建立像傳話遊戲的溝通連鎖。

實驗中，會向1號受試者出示關於年輕男子（目標人物）的文章，請他將內容寫成要傳遞給下一位受試者的訊息，一直傳到4號受試者。這時，會告訴他們受試者當中有很多同樣對目標人物的職業抱有刻板印象的內團體人士（高共享度條件），或是這樣的人很少（低共享度條件），操作他們對共享的感知。

分析受試者寫下的訊息後，發現在高共享度條件下，符合刻板印象的資訊寫得較多。換言之，受試者若得知傳達對象抱有同樣的刻板印象，就會傳遞刻板印象訊息。此外，結果也顯示出這種資訊傳達可以發揮建立社會連結的功能。

各位可以用剛才的例子來思考看看。C從A的口中聽到上司B的事情以後，要轉述給另一位同輩D時，談起符合B的刻板印象資訊（根據A的說法就是「幹練的女強人、對下屬很嚴厲」），應該會比不符合刻板印象的資訊更能炒熱話題。如此一來，A的同輩之間就會愈來愈鞏固「上司B是女強人」的印象，並逐漸加強彼此的連結。

到這裡為止，已經說明了內團體成員之間談論外團體成員，會影響到內團體的人際關係。這種內團體成員之間的交流，也會影響到他們對外團體的否定態度。

有項研究，就探討了我們預期接觸跟自己關係不好的特定團體的成員時，內團體成員之間談話的影響力（Greijdanus et al., 2015）。

研究對象是某所大學的學生，與大學生團體本就具有對立關係的大學附近居民是外團體。大學生彼此交談後，會共享對居民的否定觀點，感知到己方的敵意，並覺得居民也用否定眼光看待他們，進而加強對內團體一視同仁的程度。

總而言之，**見到競爭團體之前，我們會與內團體的人談論，並互相確認對方對競爭團體抱有否定態度**。如此一來，我們就會更強烈地感知到內團體和外團體的隔閡，造成團體之間的矛盾加劇。

舉例而言，同組織的不同部門之間發生矛盾，我們在自己的部門裡談論對方時，就會重新認知到自己對對方部門的敵意，導致更難解決矛盾和達成共識。

不符合刻板印象的資訊有時也很重要

最後，介紹一下沒有發生刻板印象一致性偏誤的情況（Karasawa et al., 2007）。

有一項研究中，讓內團體成員之間交談時，講求正確判斷外團體目標人物的印象。結果，對話中沒有出現刻板印象一致性偏誤，反而談到很多不一致的資訊。不過，換成談論內團體的目標人物時，對話中則會談到很多一致的資訊。

當我們需要正確判斷外團體成員時，就會專注在不符合刻板印象的資訊、探討其中的意義和理由。因為不符合刻板印象的資訊，其資訊價值更高。

尤其是當我們與外團體為對立關係，或是外團體成員經常成為我們的比較對象時，討論就會大幅偏重於不符合刻板印象的資訊。因為不符合刻板印象的資訊，可能預兆了對方團體一改過去印象、逐漸變成威脅己方地位存在的訊息。

舉例來說，假設行銷企畫部職員認為己方富有創造力、可以讓組織獲利，會計部等行政部門只是老實做著被交辦的工作，部門雙方常常為了經費用途而內鬥。

某天，公司內部向員工徵求新事業的好點子，會計部的職員和團隊提出了各種出色企畫時，就是不符合其刻板印象的資訊。

過去行銷企畫部的人都認為自己的地位更優越，但高層未必也這麼想。因此，行銷企畫部的職員就會開始焦慮，和部門同事談論這項不符合刻板印象的資訊，然後著急地說「我們要是想不出點子就慘了」，並設法挑剔會計部提出的企畫。

由此可見，外團體成員符合和不符合刻板印象的資訊，在內團體的溝通中會發揮不同功能。

談論符合刻板印象的資訊，可以讓我們確認共享知識和觀念、強化彼此的關係、突顯己方和對方團體的差異；談論不符合刻板印象的資訊，則可以讓我們仔細思考對方團體，促使我們對抗對方團體的變化。

至此介紹了團體刻板印象的形成和維持過程。

總結來說，我們將他人歸類、將醒目團體和醒目特徵連結，都是心靈上的認知作用。

但是，這個作用要是加上了將己方立於其他團體之上的動機，就容易造成偏見和歧視。

團體的關係位置不易改變，正是因為我們會用矛盾的情感看待其他團體，並且肯定對己方的情感、相信這個社會有其平衡的關係。

與他人交流時，也會加強並鞏固刻板印象。

當我們知道自己的同伴共享了對其他團體的刻板印象，就會更強化這股信念，並透過談論與刻板印象相關的資訊，加強彼此的連結。

因此，**我們對特定團體的印象會建立起團體之間的關係，隨著己方更進一步的連結，會讓我們感知到與對方團體更加疏遠。**

PART
5
「這個印象」真的好嗎？

CHAPTER

13

偏誤如何影響既定印象？

思考傾向的影響

我們在判斷他人、自己和團體時，會產生思考傾向（偏誤）。前面已經看過很多範例了，現在回顧一下幾項主要概念吧！

形成他人的印象時，我們會受到確認偏誤的影響。**多數情況下，我們會依照事前對對方的預測，試圖收集對方的資訊，並記住符合預測的資訊。當獲得新資訊時，也會按照**

事前預測來解釋。也就是說，我們會使用在偏頗情況下篩選的資訊來決定對方的印象，並根據這個偏頗資訊來預測對方將來的行動。

當我們試圖理解他人的想法時，通常會使用下面2種方法。**如果我們覺得對方和自己很像，就會投射自己的想法；如果覺得不像，就會使用對對方的類別印象來判斷**。換言之，我們會根據對方和自己是否相似來切換策略。

我們對人產生好感時，可能是基於喜歡和自己相像的人。當向第三者敘述對方時，就會根據自己如何看待對方而改變傳達方式。如果覺得對方討喜，就會告訴聽者對方的理想行動是性格使然，藉此與聽者共享對方的良好印象。

我們對自身的觀點也會影響到對他人的判斷，原因在於**我們往往會按照自我印象的維度來理解對方**。而且，我們基本上都想高度評價自己，**為了避免降低自我評價，偶爾會與重要他人拉開距離，或是減少參與不如對方的課題**。藉由減少參與，可以塑造出「不重視課題的自己」，改變對自己的看法。

此外，我們會依狀況改變對自己的觀點。因為**「不希望自己在他人心目中是這種印象」而扮演其他角色，實際上也可能逐漸使自己朝著扮演方向改變**。

關於「他人如何看待自己」的偏誤。**我們往往會把注意力放在自己身上，認為事發原因在於自己、以為自己的行為比實際上更引人注目**。

判斷他人的印象和狀況時，不僅自身會發揮重大作用，想法的形成過程也與「重要他人」息息相關。因此，**只要想起重要他人，對自己的印象也會改變**。

由於我們對自己的瞭解有限，**當我們試圖說明自己對某件事的想法時，態度和行動未必會一致**。認為自己最瞭解自己，可能只是自以為是的看法。

把人歸類成自己所屬團體和自己以外的團體，會讓我們以為類別中的人都很相似，並高估類別之間的差異，造成各種思考傾向。

當自己被視為某團體的成員後，就會開始偏袒自己的團體，並以否定的眼光看待團體內拖累己方的成員。由此可知，我們有時也會嚴厲地對待自己團體的成員。

我們不僅在看待自己所屬團體時會有思考傾向，對於其他團體的人也會採取具有思考傾向的觀點。其中最明顯的，就是使用對團體類別的刻板印象。

尤其**傾向於降低其他團體成員的「溫暖」或「能力」，並認定社會要因此才能維持平衡**，導致產生歧視。

一旦認為所屬團體的成員和自己具有相同的刻板印象，就會更強化這股信念。此外，**溝通時傳遞對方共通的、符合刻板印象的他人資訊，可以加強與對方的連結**。共享信念與連結彼此會互相影響。

思考傾向的好與壞

羅列出本書介紹過的現象後，就能察覺我們具備的思考傾向的涵蓋範圍有多大。你過去對自己、他人和團體成員的印象，恐怕很多都是扭曲的。

舉例而言，你明明有需要努力達成的課題，卻為了保持正面肯定自己，而忽略其重要性、放棄努力，導致日後追悔莫及。

如果你以往很討厭某個人或其他團體，因為對他們抱有負面觀感而刻意疏遠，也可以重新思考一下。

以扭曲的判斷為依據，會讓人採取失當的行動。太早放棄執行目標、歧視他人或造成團體之間的對立，都是不理想的結果，而這些可能正源自於思考傾向的問題。

另外，如同前面所述，好幾種思考傾向有助於人類適應社會或狀況。**從關於他人的大量資訊中找出線索，並藉此快速下判斷，有時也是至關重要的能力**。

假設通勤途中，有個與眾不同、舉止怪異的人朝這裡走來。這種情況下，我們會立刻把對方歸類為可疑人士，並預測他可能會採取的行動，然後趕緊離開現場。

從「感知對方到離開現場」的過程中，可能幾乎沒有自覺。若對方真的是危險人物，逃跑確實是適當的應對方式。如果我們不具備對於「可疑人士」此一類別的認知，就無法採取這個行動。當然，對方也可能並非問題人物，但是這點需要收集資訊才能確認，而在仔細觀察對方時，恐怕就會遭遇不測了。

這裡再舉一項思考傾向的優點，那就是擁有對自己的「正向錯覺」（Taylor &Brown, 1988），即**正面看待自己**。

CHAPTER7中，已經以設定目標的觀點，說明過思考傾向此一理想面。這邊就來解說一下這種觀點在「與他人關係」裡具備的功能吧！

正面看待自己可以讓心理健康，透過正向情感加強與他人的連結。尤其在得到負面回饋的狀況下（例如：遭遇困境），可能因此得到他人的幫助、克服困難。

換言之，正向錯覺的心態能支撐著我們度過重重困難。

基於客觀指標來對自己採取正確觀點，有時對我們來說未必是好事*4。幸好有思考傾向，我們才能輕易適應社會和各種狀況。

瞭解思考傾向的好與壞後，我們就來思考如何妥善處理思考傾向吧！

*4 雖然本書並未提及，但有研究討論過在自我提升的自我概念上的文化差異（Heine et al., 1999）。

CHAPTER
14 面對思考傾向的方法

為什麼瞭解思考傾向很重要？

請各位回想一下CHAPTER1中介紹過的雙重歷程理論模型，在關於他人印象的資訊處理中，統合了自動歷程和控制歷程。模型指出，我們會根據對方的類別，分別運用快速處理以及深思後仔細處理的方法。

CHAPTER2中也介紹了根據他人行動推論其特性時，會預設自動歷程和控制歷程的模型。我們可以藉此快速掌握對方會採取什麼行動（自動歷程）。但是，若要理解對方的為人，則需要考慮對方的行為是否是狀況使然。如果是狀況導致的行動，就會修正最初的判斷（控制歷程）。

控制歷程中會衡量狀況和修正判斷，因此只要我們仔細思考，應該就不易受到偏誤影響。但是，仔細思考需要有幾個先決條件。

首先，判斷過程中需**自主察覺偏誤的影響**。此外，我們還需要**有動機去修正偏誤的影響**。為了修正偏誤的影響，**察覺偏誤影響的方向和程度**也很重要。如果**具備調整判斷的能力並能妥善運用**，就可以減少偏誤造成的影響（Wilson & Brekke, 1994）。

而為了驅動此一過程，最重要的是預先瞭解自己的思考傾向。

大家可以回頭復習一下CHAPTER 1中的開頭文章（總經理的獨白）。應該有人會立刻想起，有人會回頭閱讀後才驚覺「原來是這篇」。

不論你是哪一種，對這篇文章的解讀應該都不會跟第一次閱讀時一樣吧？因為各位已經想像過那篇文章的狀況，並察覺了自己的思考傾向。瞭解自己在什麼狀況下容易受到什麼偏誤影響，就能輕易調整和判斷了。

本書多次用「團隊運動隊長」此一類別來舉例，如果你已經對其建立起印象，就要認知到自己有這個印象。當你成為人事招聘的負責人，並在面試時遇到當過「團隊運動隊長」的人，就能想起這件事。如此一來，你就不會只懂得問驗證印象的問題，也能問出反證的問題了。

在面試中不偏向驗證資訊，就可以收集到平衡資訊，並從對方的回答中獲取新資訊，在評估新資訊的同時評價對方。

總而言之，最重要的是**認知到自己的思考傾向，設想出什麼狀況會引起這個傾向、造成判斷偏差，並在實際遭遇狀況時想起。**

思考傾向會造成多少問題？

對「他人」的思考傾向實際造成的影響

前面已經談過，我們可以採取哪些行動來減少偏誤的影響。

話雖如此，各位可能還是覺得實踐起來很困難。本書介紹的社會心理學實驗裡，已經顯示出偏誤的存在和影響程度，以及其有多麼堅不可催。

不過，各位必須注意一點，實驗使用的目標人物資訊和精心安排的狀況，無法完全重現我們在日常生活中實際遇見的人和狀況。實驗中可能會為了加以刺激，提供受試者容易造成偏誤的線索，或創造根本不需要仔細思考目標人物的場面。

因此，請各位重新思考一下，引發這種偏誤的直覺性方法，在現實社會中會造成多少問題。

好比前面舉的例子，直覺性地把通勤途中遇見的人看成可疑人物。假使對方實際上並不危險，自然不會造成問題。最後什麼事都沒發生的話，我們就能修正判斷，並馬上忘記這回事。

那麼，處於必須與對方保持關聯的情況下，又會怎麼樣呢？

假設有個新職員即將配屬到你的部門。大多數的情況下，人事部事先提供的新職員資訊不會太詳細。身為上司的你要根據有限的資訊預測新人的狀況，和下屬一起做好支援的準備。這時，只能先從其學生時期的主修科系、參與過的活動、研修情形等來判斷。

新職員就職之後，你剛開始可能會將從他本人獲得的資訊，解釋成符合自己的成見。不過，為了深入瞭解新下屬，你會和對方交談，並在觀察過程中得到不符合自身成見的資訊。

照理來說，你應該不會因為資訊不合，就對此視若無睹吧？你應該會詢問教育訓練職員的意見、收集更多資訊，並評估這些內容，嘗試真正理解對方。

實際上，我們與他人互動後，都會發現對方和第一印象不同。如果我們的確認偏誤堅若磐石，應該不可能產生這種**印象上的變化**才對。

不僅如此，我們試圖理解的對象其實也會逐漸變化。只要在關係持續的過程中掌握到變化，我們**對對方的印象就會與初見時差異很大**。

我們對剛入職的新人，可能抱持「天真無邪」的印象。但是過一陣子後，或許就會變成「很可靠」的印象了。

此外，我們也會透過各種經驗來**改變收集和解釋資訊的方法**。

例如：當我們思考對方是怎樣的人時，以前可能不太能接受和自己不同的意見，但現在或許願意聽取各種立場的人的意見了。

假設你很擔心新職員「態度積極，但不曉得工作是否細心」。這時，如果你聽到教育訓練職員說他「懂得做好周全準備」，就會願意採信這個資訊。

對於他人的某些行動，我們在過去和現在可能**採取不同的觀點**。以前你覺得新職員「愛裝熟」，現在或許就會覺得他「容易親近」了。

不論是站在認知還是被認知的角度，都會像這樣產生變化。即使你在某個時期對對方的印象稍有謬誤，也不會造成大問題。

事實上，我們每天與這麼多人相遇，還是可以這樣順利地生活下去。

對「自己」的思考傾向實際造成的影響

剛才談到我們有正面看待自己的傾向，除此之外，我們還有一種傾向，就是以為其他人比實際上更清楚理解自己的內在（CHAPTER9）。

如同前面介紹過的研究所示，當我們想要隱藏自己的真心時，這個思考傾向可能就會讓我們感到困擾和羞恥。

不過在現實生活中，我們究竟有多少時候會希望沒人看穿自己的真心呢？的確，有時我們撒謊是為了避免傷害對方。但是，**我們想要別人理解自己的想法或感受的時候應該比較多吧**？

當我們有煩惱或是覺得痛苦時，常會設法避免顯露在表情和態度上，以免讓周圍的人擔心。即使如此，我們應該還是希望能有人瞭解自己，感受到和對方的連結。

透過共享情感所形成的連結，或許就會促使我們下次去感知對方的情感。

對「團體」的思考傾向實際造成的影響

團體之間的關係實際上又是如何呢？

維持團體印象的思考傾向的確很難處理。認為自己所屬團體「溫暖且能力高」、其他團體則是「冷漠」或「能力低」的想法，等同是我們對其他團體的偏見。而這種對團體的刻板印象，往往難以改變（CHAPTER11）。

但是，**與他人溝通時，這種刻板印象可能會逐漸改變**。

請各位回想一下前面提過的，人會配合交流對象的態度來調整談話內容，或是建立符合談話內容的態度（CHAPTER6）。

因此，與內團體成員溝通時，只要認定對方和自己擁有不同的刻板印象，就會避免談到與刻板印象有關的話題（CHAPTER12）。

舉例來說，假設A對某類別抱有刻板印象。A加入新團體後，發現新團體裡沒人擁有這種刻板印象的信念。於是，A和團體內的人談起這類話題時，就不會提及這個刻板印象，反而會改成平鋪直敘的說法，逐漸和團體成員形成共享現實，自己的態度也會隨之轉變。

現實社會中，我們不可能一直隸屬於單獨的社會團體。我們會因為改變住處、改變學校和工作場所而進入新的團體，或是同時隸屬於多個團體中。因此，在某個團體理得到的「現實」，到了其他團體後未必通用。

透過這種經驗，**我們的信念就能夠改變**。

此外，對某類別抱有刻板印象的人，生活中可能遇到與該類別成員隸屬於同一團體的情況。例如：有種族刻板印象的人，在社區、學校、職場等社會團體中與該類別成員有機會互動，或是必須共同達成一個目標。

這種情況下，他對該類別的印象可能就會因為實際接觸而改變。有時，雙方團體還會透過組織統合而組成一大類別。如此一來，在總體目標之下，雙方的區別和差異就會逐漸淡化。因此，**在社會生活中的團體印象也可能改變**。

我們並不是活在封閉的團體中，而是會經歷團體之間的移動，而且團體的類別本身也會逐漸變化。我們的人際關係和團體間的關係，今後可能更容易從僵化的狀態變成流動的狀態。

這種社會環境的變化，或許正是改變對其他團體印象的機會。屆時是否能夠轉換成理想方向，就取決於我們自己。

偏誤沒有正確與否

最後，我想告訴大家一件事。本書之所以用「偏誤」一詞來說明思考傾向所衍生的現象，是因為直接沿用了部分學者的說法。但是，並非所有學者都使用「偏誤」這個詞，而是用「效應」等其他名詞來稱呼某些現象。這點在CHAPTER 2已經聲明過，希望各位再確認一次。

「偏誤」這個詞彙會伴隨著某些負面印象，不過就如同前述，這種現象對我們來說未必會造成負面影響。

另外還有一件事要告訴大家：

對他人、自己或團體的印象，實際上並沒有「正確」和「不正確」之分。

因此，思考傾向會導致印象偏差或判斷錯誤的說法，嚴格來說並不適當。

我們並不會依照固定的基準來判定某些事物「正確」。

你或許會因為某個內容符合自己周圍的人的信念，就相信是正確的；也可能因為這個內容是自己隸屬團體裡的共享現實，就相信是正確的；或是因為用某種方式判斷對象可以讓自己好過一些，就相信是正確的。而這種想法並不能說是錯誤，所以我們沒有必要捫心自問：「這個印象是正確的嗎？」

我們能做的，就是透過自己的行動，瞭解自己對對象擁有什麼印象、回顧自己是怎麼建立起印象的。如果你在這個過程中，發現了本書介紹的思考傾向，希望你能開始思考自己對他人、自己或是團體的印象究竟「好不好」吧！

後記

我在接觸社會心理學以前，認為自己算是「比較能理解別人、也能理解自己的人」。不過，我現在已經不會這麼想了。

我學習社會心理學後，得知了建立印象時的思考傾向，並連帶知道了傾向造成的判斷是可修正的。因此，雖然我很想說自己真的「稍微理解了」，但終究還是無法這麼想。我只是開始能夠理解，為什麼自己會覺得他人、自己、其他社會類別成員的言行舉止好或是不好。於是，我對於原本印象不佳的對象的看法便改變了（但並非全部都是如此）。

本書談論的是「社會認知」，特別是「人際知覺」的領域。坊間有很多可以學到這個內容的好文章，也有許多指導過我的專家出版的專業書籍。因此，我很在意這些專家會如何看待我用這個主題來寫書（或許這也和CHAPTER9談到的「聚光燈效應」有關）。

儘管我有這個疑慮，卻還是答應寫這本書，主要有2個理由。

其一，這本書是專為商務人士所寫。在社會科學領域的研究者當中，我算是少數有企業工作經驗的人。因此，我覺得如果是由我來撰寫，或許可以舉出能讓讀者輕易理解的例子。其二，則是因為我希望閱讀本書的讀者，也能感受到我透過社會心理學的學習而獲得的經驗。如果我能夠稍微改變你對原本不太喜歡的對象的觀點，那我會非常高興。

本書在說明心理機制時，經常舉上司和下屬之間溝通的例子。可能會有人以為這些例子是我的親身經驗，但事實絕非如此。

我很幸運，在職場遇到的都是很好的上司，包括我任職於出版社時的上司兼導師T，以及在研究所願意收曾經出過社會的我當學生、始終不吝指教的村田光二教授。託他們的福，我才能得到寫書的機會。

另外，也很感謝設計本書封面的設計師杉山健太郎老師和插畫家山內庸資老師[*5]。日本實業出版社的川上聰先生，從透過大學宣傳諮詢窗口聯絡我，並一直幫忙我將腦中的想法轉化成文字，真的非常謝謝您。

我衷心感謝這些人，以及願意閱讀這本書的你。

二〇二一年十月

田中知惠

＊5　此指日本原書封面設計。

Echterhoff, G., & Higgins, E. T. (2018). Shared reality: Construct and mechanisms. *Current Opinion in Psychology*, 23, iv-vii.
Echterhoff, G., & Higgins, E. T. (2021). Shared reality: Motivated connection and motivated cognition. In P. A. M. Van Lange., E. T. Higgins., & A. W. Kruglanski. (Eds.) *Social psychology: Handbook of basic principles, 3rd ed.*, (pp. 181-201). The Guilford Press. NewYork, NY.
Greijdanus, H., Postmes, T., Gordijn, E. H.,& van Zomeren, M. (2015). Steeling ourselves:Intragroup communication while anticipating intergroup contact evokes defensive intergroup perceptions. *PLoS One*, 10, e0131049.
Hardin, C. D., & Higgins, E. T. (1996). Shared reality: How social verification makes the subjective objective. In R. M. Sorrentino & E. T. Higgins (Eds.), *Handbook of motivation and cognition: The interpersonal context* (Vol. 3. pp. 28-84). New York, NY: The Guilford Press.
Haslam, S. A., Oakes, P. J., McGarty, C., Turner, J. C., Reynolds, K. J., & Eggins, R. A. (1996). Stereotyping and social influence: The mediation of stereotype applicability and sharedness by the views of in-group and out-group members. *British Journal of Social Psychology*, 35, 369-397.
Karasawa, M., Asai, N., & Tanabe, Y. (2007). Stereotypes as shared beliefs: Effects of group identity on dyadic conversations. *Group Processes & Intergroup Relations*, 10, 515-532.

PART 5　這個印象真的好嗎？

CHAPTER 13

Heine, S. J., Lehman, D. R., Markus, H. R., & Kitayama, S. (1999). Is there a universal need for positive self-regard? *Psychological Review*, 106, 766-794.
Taylor, S. E., & Brown, J. D. (1988). Illusion and well-being: A social psychological perspective on mental health. *Psychological Bulletin*, 103, 193-210.

CHAPTER 14

Wilson, T. D., & Brekke, N. (1994). Mental contamination and mental correction:Unwanted influences on judgments and evaluations. *Psychological Bulletin*, 116, 117-142.

Fiske, S. T., & Neuberg, S. L. (1990). A continuum of impression formation, from category-based to individuating processes: Influences of information and motivation on attention and interpretation. In M. P. Zanna (Ed.), *Advances in Experimental Social Psychology* (Vol.23. pp. 1-74). New York: Academic Press.

Gaertner, S. L., & Dovidio, J. F. (1986). The aversive form of racism. In J. F. Dovidio & S. L. Gaertner (Eds.), *Prejudice, discrimination, and racism* (pp. 61-89). Academic Press.

Glick, P., & Fiske, S. T. (1996). The Ambivalent Sexism Inventory: Differentiating hostile and benevolent sexism. *Journal of Personality and Social Psychology*, 70, 491-512.

Hamilton, D. L., Dugan, P. M., & Trolier, T. K. (1985). The formation of stereotypic beliefs:Further evidence for distinctiveness-based illusory correlations. *Journal of Personality and Social Psychology*, 48, 5-17.

Hamilton, D. L., & Gifford, R. K. (1976). Illusory correlation in interpersonal perception: A cognitive basis of stereotypic judgments. *Journal of Experimental Social Psychology*, 12, 392-407.

Jost, J. T., & Banaji, M. R. (1994). The role of stereotyping in system-justification and the production of false consciousness. *British Journal of Social Psychology*, 33, 1-27.

Jost, J. T., Burgess, D., & Mosso, C. O. (2001). Conflicts of legitimation among self, group, and system: The integrative potential of system justification theory. In J. T. Jost & B. Major (Eds.), *The psychology of legitimacy: Emerging perspectives on ideology, justice, and intergroup relations* (pp. 363-388). Cambridge University Press.

Jost, J. T., Liviatan, I., van der Toorn, J., Ledgerwood, A., Mandisodza, A., & Nosek, B. A. (2012). System justification: A motivational process with implications for social conflict. In E, Kals., & J, Maes. (Eds.), *Justice and conflicts: Theoretical and empirical contributions* (pp. 315 - 327). Springer-Verlag Berlin Heidelberg.

Jost, J. T., Pelham, B. W., Sheldon, O., & Sullivan, B. N. (2003). Social inequality and the reduction of ideological dissonance on behalf of the system: *Evidence of enhanced system justification among the disadvantaged. European Journal of Social Psychology*, 33, 13-36.

Rosenberg, S., Nelson, C., & Vivekananthan, P. S. (1968). A multidimensional approach to the structure of personality impressions. *Journal of Personality and Social Psychology*, 9, 283-294.

Weber, R., & Crocker, J. (1983). Cognitive processes in the revision of stereotypic beliefs. *Journal of Personality and Social Psychology*, 45, 961-977.

CHAPTER 12

Clark, A. E., & Kashima, Y. (2007). Stereotypes help people connect with others in the community: A situated functional analysis of the stereotype consistency bias in communication. *Journal of Personality and Social Psychology*, 93, 1028-1039.

CHAPTER 10

Baldwin, M. W., Carrell, S. E., & Lopez, D. E. (1990). Priming relationship schemas: My advisor and the Pope are watching me from the back of my mind. *Journal of Experimental Social Psychology*, 26, 435-454.
Greenwald, A. G., & Farnham, S. D. (2000). Using the Implicit Association Test to measure self-esteem and self-concept. *Journal of Personality and Social Psychology*, 79, 1022-1038.
Greenwald, A. G., McGhee, D. E., & Schwartz, J. L. K. (1998). Measuring individual differences in implicit cognition: The implicit association test. *Journal of Personality and Social Psgchologg*, 74, 1464-1480.
Hinkley, K., & Andersen, S. M. (1996). The working self-concept in transference:Significant-other activation and self change. *Journal of Personality and Social Psychology*, 71, 1279-1295.
Story, A. L. (1998). Self-esteem and memory for favorable and unfavorable personality feedback. *Personality and Social Psychology Bulletin*, 24, 51-64.
Wilson, T. D. (2009): Know thyself. *Perspectives on Psychological Science*, 4, 384-389.
Wilson, T. D., Dunn, D. S., Bybee, J. A., Hyman, D. B., & Rotondo, J. A. (1984). Effects of analyzing reasons on attitude-behavior consistency. *Journal of Personality and Social Psychology*, 47, 5-16.
Wilson, T. D., & LaFleur, S. J. (1995). Knowing what you'll do: Effects of analyzing reasons on self-prediction. *Journal of Personality and Social Psychology*, 68, 21-35.
Wilson, T. D., Lisle, D. J., Schooler, J. W., Hodges, S. D., Klaaren, K. J., & LaFleur, S. J. (1993). Introspecting about reasons can reduce post-choice satisfaction.*Personality and Social Psychology Bulletin*, 19, 331-339.

PART 4　如何建立「團體」的印象

CHAPTER 11

Brewer, M. B. (1988). A dual process model of impression formation. In T. K. Stull & R. S. Wyer Jr. (Eds.), *Advances in Social Cognition*. (Vol. 1 . pp. 1-36). Hilsdale, NJ:Erlbaum.
Cuddy, A. J. C., Fiske, S. T., & Glick, P. (2007). The BIAS map: Behaviors from intergroup affect and stereotypes. *Journal of Personality and Social Psychology*, 92, 631-648.
Fiske, S. I., Cuddy, A. J. C., Glick, P., & Xu, J. (2002). A model of (often mixed) stereotype content: Competence and warmth respectively follow from perceived status and competition. *Journal of Personality and Social Psychology*, 82, 878-902.

Berglas, S., & Jones, E. E. (1978). Drug choice as a self-handicapping strategy in response to noncontingent success. *Journal of Personality and Social Psychology*, 36, 405-417.
Jones, E. E., & Pittman, T S. (1982). Toward a general theory of strategic self-presentation. In J. Suls (Ed.), *Psychological perspectives of the self* (pp. 231-261).Hillsdale, NJ: Eribaum
Leary, M. R. (1995). *Self-presentation: Impression management and interpersonal behavior.* Brown & Benchmark Publishers.
McCrea, S. M. (2008). Self-handicapping, excuse making, and counterfactual thinking:Consequences for self-esteem and future motivation. *Journal of Personality and Social Psychology*, 95, 274-292.
Schlenker, B. R., & Leary, M. R. (1982). Audiences' reactions to self-enhancing, self-denigrating, and accurate self-presentations. *Journal of Experimental Social Psychology*, 18, 89-104.
Schneider, D. J. (1969). Tactical self-presentation after success and failure. *Journal of Personality and Social Psychology*, 13, 262-268.
Tice, D. M. (1992). Self-concept change and self-presentation: The looking glass self is also a magnifying glass. *Journal of Personality and Social Psychology*, 63, 435-451.
Tice, D. M., Butler, J. L., Muraven, M. B., & Stillwell, A. M. (1995). When modesty prevails:Differential favorability of self-presentation to friends and strangers. *Journal of Personality and Social Psychology*, 69, 1120-1138.
Tice, D. M., & Faber, J. (2001). Cognitive and motivational processes in self-presentation. In J. P. Forgas, K. D. Williams, & L. Wheeler (Eds.), *The social mind: Cognitive and motivational aspects of interpersonal behavior* (pp. 139-156). Cambridge University Press.

CHAPTER 9

Fenigstein, A. (1984). Self-consciousness and the overperception of self as a target.*Jourral of Personality and Social Psychologs*, 47,860-870.
Gilovich, T., Kruger, J., & Medvec, V. H. (2002). The spotlight effect revisited:Overestimating the manifest variability of our actions and appearance. *Journal of Experimental Social Psychology*, 38, 93-99.
Gilovich, T., Medvec, V. H., & Savitsky, K. (2000). The spotlight effect in social judgment:An egocentric bias in estimates of the salience of one's own actions and appearance. *Journal of Personality and Social Psychology*, 78, 211-222.
Gilovich, T., Savitsky, K., & Medvec, V. H. (1998). The illusion of transparency: Biased assessments of others' ability to read one's emotional states. *Journal of Personality and Social Psychology*, 75, 332-346.
Vorauer, J. D., & Ross, M. (1999). Self-awareness and feeling transparent: Failing to suppress one's self. *Journal of Experimental Social Psychology*, 35, 415-440.
Zuckerman, M., Kernis, M. H., Guarnera, S. M., Murphy, J. F., & Rappoport, L. (1983). The egocentric bias: Seeing oneself as cause and target of others' behavior. *Journal of Personality*, 51, 621-630.

Higsins, E. T, King, G. A., & Mavin, G. H. (1982). Individual construct accessiblity and subjective impressions and recall. *Journal of Personality and Social Psychology*, 43, 35-47.

Markus, H. (1977). Self-schemata and processing information about the self. *Journal of Personality and Social Psyckology*, 35, 63-78.

Markus, H., & Kunda, Z. (1986). Stability and malleability of the self-concept. *Journal of Personality and Social Psychology*, 51, 858-866.

McFarland, C., & Alvaro, C. (2000). The impact of motivation on temporal comparisons:Coping with traumatic events by perceiving personal growth. *Journal of Personality and Social Psychology*, 79, 327-343.

Pleban, R., & Tesser, A. (1981). The effects of relevance and quality of another's performance on interpersonal closeness. *Social Psychology Quarterly*, 44, 278-285.

Sedikides, C., & Strube, M. J. (1997). Self evaluation: To thine own self be good, to thine own self be sure, to thine own self be true, and to thine own self be better. In M. P. Zanna (Ed.), *Advances in experimental social psychology* (Vol. 29, pp. 209-269). Academic Press.

Spencer, S. J., Fein, S., & Lomore, C. D. (2001). Maintaining one's self-image vis-à-vis others: The role of self-affirmation in the social evaluation of the self. *Motivation and Emotion*, 25, 41-65.

Steele, C.M. (1988). The psychology of self-affirmation: Sustaining the integrity of the self.In L.Berkowiz (Ed.), *Advances in experimental social psycology* (Vol. 21. pp.261-302) New York: Academic Press.

Story, A. L. (1998). Self-esteem and memory for favorable and unfavorable personality feedback. *Personality and Social Psychology Bulletin*, 24, 51-64.

Taylor, S. E., & Brown, J. D. (1988). Illusion and well-being: A social psychological perspective on mental health. *Psychological Bulletin*, 103, 193-210.

Tesser, A. (1988). Toward a self-evaluation maintenance model of social behavior. In L.Berkowitz (Ed.), *Advances in experimental social psychology* (Vol. 21, pp. 181-227). Academic Press.

Tesser, A., Campbell, J., & Smith, M. (1984). Friendship choice and performance: Self-evaluation maintenance in children. *Journal of Personality and Social Psychology*, 46, 561-574.

Trope, Y., & Ben-Yair, E. (1982). Task construction and persistence as means for self-assessment of abilities. *Journal of Personality and Social Psychology*, 42, 637-645.

CHAPTER 8

Baumeister, R. F. (1982). A self-presentational view of social phenomena. *Psychological Bulletin*, 91, 3-26.

Baumeister, R. F., & Jones, E. B. (1978). When self presentation is constrained by the target's knowledge: Consistency and compensation. *Journal of Personality and Social Psychology*, 36, 608-618.

CHAPTER 6

Clark, H. H., Schreuder, R., & Buttrick, S. (1983). Common ground and the understanding of demonstrative reference. *Journal of Verbal Learning & Verbal Behavior*, 22, 245-258.

Echterhoff, G., & Higgins, E. T. (2018). Shared reality: Construct and mechanisms.*Current Opinion in Psychology*, 23, iv-vii.

Hardin, C. D., & Higgins, E. T. (1996). Shared reality: How social verification makes the subjective objective. In R. M. Sorrentino & E. T. Higgins (Eds.), *Handbook of motivation and cognition: The interpersonal context* (Vol. 3. pp.28-84). New York, NY: The Guilford Press.

Higgins, E. T. (2018). *Sheard reality: What makes us strong and tears us apart*. Oxford University Press.

Higgins, E. T., & Rholes, W. S. (1978). "Saying is believing": Effects of message modification on memory and liking for the person deserilbed. *Jourral of Experimental Social Psychology*, 14, 363-378.

Maass, A., Milesi, A., Zabbini, S., & Stahlberg, D. (1995). Linguistic intergroup bias: Differential expectancies or in-group protection? *Journal of Personality and Social Psychology*, 68, 116-126.

Semin, G. R., & Fiedler, K. (1988). The cognitive functions of linguistic categories in describing persons: Social cognition and language. *Journal of Personality and Social Psychology*, 54, 558-568.

Wigboldus, D. H. J., Semin, G. R., & Spears, R. (2000). How do we communicate stereotypes? Linguistic bases and inferential consequences. *Journal of Personality and Social Psychology*, 78, 5-18.

Wigboldus, D. H. J., Semin, G. R., & Spears, R. (2006). Communicating expectancies about others. *European Journal of Social Psychology*, 36, 815-824.

PART 3　如何建立「自己」的印象

CHAPTER 7

Cialdini, R. B., Borden, R. J., Thorne, A., Walker, M. R., Freeman, S., & Sloan, L. R. (1976). Basking in reflected glory: Three (football) field studies. *Journal of Personality and Social Psychology*, 34, 366-375.

Fong, G. I., & Markus, H. (1982). Self-schemas and judgments about others. *Social Cognition*, 1, 191-204.

Gervey, B., Igou, E. R., & Trope, Y. (2005). Positive mood and future-oriented self-evaluation. *Motivation and Emotion*, 29, 269-296.

Green, J. D., & Sedikides, C. (2001). When do self-schemas shape social perception?: The role of descriptive ambiguity. *Motivation and Emotion*, 25, 67-83.

Psychology, 13, 279-301.
Tversky, A., & Kahneman, D. (1974). Judgment under uncertainty: Heuristics and biases. *Science*, 185, 1124-1131.

CHAPTER 5

Bornstein, R. F., & D'Agostino, P. R. (1992). Stimulus recognition and the mere exposure effect. *Journal of Personality and Social Psychology*, 63, 545-552.
Byrne, D., & Nelson, D. (1965). Attraction as a linear function of proportion of positive reinforcements. *Journal of Personality and Social Psychology*, 1, 659-663.
Dion, K., Berscheid, E., & Walster, E. (1972). What is beautiful is good. *Journal of Personality and Social Psychology*, 24, 285-290.
Dryer, D. C., & Horowitz, L. M. (1997). When do opposites attract? Interpersonal complementarity versus similarity. *Journal of Personality and Social Psychology*,72, 592-603.
Eagly, A. H., Ashmore, R. D., Makhijani, M. G., & Longo, L. C. (1991). What is beautiful is good, but..: A meta-analytic review of research on the physical attractiveness stereotype. *Psychological Bulletin*, 110, 109-128.
Langlois, J. H., Kalakanis, L., Rubenstein, A. J., Larson, A., Hallam, M., & Smoot, M.(2000). Maxims or myths of beauty? A meta-analytic and theoretical review.*Psychological Bulletin*, 126, 390-423.
Montoya, R. M., Horton, R. S., & Kirchner, J. (2008). Is actual similarity necessary for attraction? A meta-analysis of actual and perceived similarity. *Journal of Social and Personal Relationships*, 25, 889-922.
Moreland, R. L., & Beach, S. R. (1992). Exposure effects in the classroom: The development of affinity among students. *Journal of Experimental Social Psychology*, 28, 255-276.
Segal, M. W. (1974). Alphabet and attraction: An unobtrusive measure of the effect of propinquity in a field setting. *Journal of Personality and Social Psychology*, 30,654-657.
Thorndike, E.L. (1920). A constant error in psychological ratings. *Journal of Applied Psychology*, 4, 25-29.
Walter, E., Aronson, V., Abrahams, D., & Rottman, L. (1966). Importance of physical altractiveness in dating behavior. *Journal of Personality and Social Psychology*, 4,508-516.
Winch, R. F., Ktsanes, T., & Ktsanes, V. (1954). The theory of complementary needs in mate selection: An analytic and descriptive study. *American Sociological Review*,19, 241-249.
Zajonc, R. B. (1968). Attitudinal effects of mere exposure. *Journal of Personality and Social Psychology*, 9, 1-27.

selfcategorization theory (pp. 68-88). Oxford: Blackwell.
Trope, Y. (1986). Identification and inferential processes in dispositional attribution. *Psychological Review*, 93, 239-257.
Iversky, A., & Kahneman, D. (1974). Judgment under uncertainty: Heuristics and biases. *Science*, 185, 1124-1131.

PART 2 如何建立「他人」的印象

CHAPTER 3

Costabile, K. A., & Madon, S. (2019). Downstream effects of dispositional inferences on confirmation biases. *Personality and Social Psychology Bulletin*, 45, 557-570.
Kulik, J. A. (1983). Confirmatory attribution and the perpetuation of social beliefs.*Journal of Personality and Social Psychology*, 44, 1171-1181.
Lenton, A. P., Blair, I. V., & Hastie, R. (2001). Illusions of gender: Stereotypes evoke false memories. *Journal of Experimental Social Psychology*, 37, 3-14.
Nickerson, R. S. (1998). Confirmation bias: A ubiquitous phenomenon in many guises. *Review of General Psychology*, 2, 175-220.
Snyder, M., & Uranowitz, S. W. (1978). Reconstructing the past: Some cognitive consequences of person perception. *Journal of Personality and Social Psychology*, 36, 941-950.
Trope, Y., & Thompson, E. P. (1997). Looking for truth in all the wrong places? Asymmetric search of individuating information about stereotyped group members.*Journal of Personality and Social Psychology*, 73, 229-241.

CHAPTER 4

Ames, D. R. (2004). Inside the mind reader's tool kit: Projection and stereotyping in mental state inference. *Journal of Personality and Social Psychology*, 87, 340-353.
Epley, N., Keysar, B., Van Boven, L., & Gilovich, T. (2004). Perspective taking as egocentric anchoring and adjustment. *Journal of Personality and Social Psychology*, 87, 327-339.
Gilbert, D. T., Pelham, B. W., & Krull, D. S. (1988). On cognitive busyness: When person perceivers meet persons perceived. *Journal of Personality and Social Psychology*, 54, 733-740.
Krueger, J., & Clement, R. W. (1994). The truly false consensus effect: An ineradicable and egocentric bias in social perception. *Journal of Personality and Social Psychology*, 67, 596-610.
Ross, L., Greene, D., & House, P. (1977). The false consensus effect: An egocentric bias in social perception and attribution processes. *Journal of Experimental Social*

Fischhoff, B., & Beyth, R. (1975). "I knew it would happen": Remembered probabilities of once-future things. *Organizational Behavior & Human Performance*, 13, 1-16.
Forgas, J. P. (1998). On being happy and mistaken: Mood effects on the fundamental attribution error. *Journal of Personality and Social Psychology*, 75, 318-331.
Gilbert, D. T., Pelham, B. W., & Krull, D. S. (1988). On cognitive busyness: When person perceivers meet persons perceived. *Journal of Personality and Social Psychology*, 54, 733-740.
Heider, F. (1958). *The psychology of interpersonal relations*. New York: John Wiley & Sons Inc.
Jones, E.E., & Davis, K.E. (1965). From acts to dispositions: The attribution. process in person perception. In L. Berkowitz (Ed.), *Advances in experimental social psychology* (Vol. 2. pp. 220-265). New York: Academic Press.
Jones, E. E., & Nisbett, R. E. (1987). The actor and the observer: Divergent perceptions of the causes of behavior. In E. E. Jones, D. E. Kanouse, H. H. Kelley, R. E. Nisbett, S.Valins, & B. Weiner (Eds.), *Attribution: Perceiving the causes of behavior* (pp.79-94). Hillsdale, London: Lawrence Erlbaum Associates, Inc.
Kahneman, D., & Tversky, A. (1979). Prospect theory: An analysis of decision under risk. *Econometrica*, 47, 263-291.
Kunda, Z. (1987). Motivated inference: Self-serving generation and evaluation of causal theories. *Journal of Personality and Social Psychology*, 53, 636-647.
Malle, B. F. (2006). The actor-observer asymmetry in attribution: A (surprising) meta-analysis. *Psychological Bulletin*, 132, 895-919.
Marques, J. M., Yzerbyt, V. Y., & Leyens, J. P. (1988). The "Black Sheep Effect": Extremity of judgments towards ingroup members as a function of group identification.*European Journal of Social Psychology*, 18, 1-16.
Miller, D. T., & Ross, M. (1975). Self-serving biases in the attribution of causality: Fact or fiction? *Psychological Bulletin*, 82, 213-225.
Pronin, E., Lin, D. Y., & Ross, L. (2002). The bias blind spot: Perceptions of bias in self versus others. *Personality and Social Psychology Bulletin*, 28, 369-381.
Quattrone, G. A., & Jones, E. E. (1980). The perception of variability within in-groups and out-groups: Implications for the law of small numbers. *Journal of Personality and Social Psychology*, 38, 141-152.
Ross, M., & Sicoly, F. (1979). Egocentric biases in availability and attribution. *Journal of Personality and Social Psychology*, 37, 322-336.
Taliel, H., Billig, M. G., Bundy, R. P., & Flament, C. (1971). Social categorization and intergroup behaviour. *European Journal of Social Psuchology*, 1, 149-178.
Taffel, H. & Turner, J. C. (1979) An integrative theory of intergroup conflict. In W. G.Austin & S. Worchel (Eds.), *The social psychology of intergroup relations*. (pp. 33-47). Monterey, CA: Brooks/Cole.
Taylor, S. B., & Brown, J. D. (1988). Illusion and well-being: A social psychological perspective on mental health. *Psychological Bulletin*, 103, 193-210.
Turner, J.C. (1987). The analysis of social influence. In J.C. Turner, M.A. Hogg, P.J.Oakes, S.D. Riecher & M.S. Wetherell (Eds.), *Rediscovering the social group: A*

參考文獻

PART 1　人的判斷方式

CHAPTER 1

Bargh, J. A. (1989). Conditional automaticity varieties of automatic influence in social perception and cognition. In J. S. Uleman & J. A. Bargh (Eds.), *Handbook of motivation and cognition: Foundations of social behavior* (Vol. 2. pp. 93-130). New York: Guilford Press.

Bransford, J. D., & Johnson, M. K. (1972). Contextual prerequisites for understanding:Some investigations of comprehension and recall. *Journal of Verbal Learning and Verbal Behavior*, 11, 717-726.

Brewer, M. B. (1988). A dual process model of impression formation. In T. K. Stull & R. S.Wyer Jr. (Eds.), *Advances in Social Cognition* (Vol. 1. pp. 1-36). Hilsdale, NJ:Erlbaum.

Ekman, P. (1992). An argument for basic emotions. *Cognition and Emotion*, 6, 169-200.

Fiske, S. T., & Neuberg, S. L. (1990). A continuum of impression formation, from category-based to individuating processes: Influences of information and motivation on attention and interpretation. In M. P. Zanna (Ed.), *Advances in Experimental Social Psychology* (Vol. 23. pp. 1-74). New York: Academic Press.

Fiske, S. T., & Taylor, S. E. (1991). Social categories and schemas. In S. T. Fiske & S. E.Taylor (Eds.), *Social Cogrition* (2nd ed., pp. 96-141). New York: McGraw-Fill.

Kahneman, D. (2011). Thinking, fast and slow. Allen Lane.

Kruglanski, A. W., & Thompson, E. P. (1999). Persuasion by a single route: A view from theunimodel. *Psychological Inquiry*, 10, 83-109.

Stanovich, K. E. & West, R. F. (2000). Individual differences in reasoning: Implications for the rationality debate? *Bahavioral and Brain Science*, 23, 645-665.

CHAPTER 2

Buehler, R., Griffin, D., & Ross, M. (1994). Exploring the "planning fallacy": Why people underestimate their task completion times. *Journal of Personality and Social Psychology*, 67, 366-381.

Christensen-Szalanski, J. J., & Willam, C. F. (1991). The hindsight bias: A meta-analysis. *Organizational Beharior and Human Decision Processes*, 48, 147-168.

Fein, S., Hilton, J. L., & Miller, D. T. (1990). Suspicion of ulterior motivation and the correspondence bias. *Journal of Personality and Social Psychology*, 58, 753-764.

十五劃

十六劃

十八劃

七劃

八劃

九劃

十劃

索引

英・數

三劃

四劃

五劃

六劃

「印象」心理學

認知偏誤會扭曲人的判斷

出　　版／楓書坊文化出版社
地　　址／新北市板橋區信義路163巷3號10樓
郵政劃撥／19907596　楓書坊文化出版社
網　　址／www.maplebook.com.tw
電　　話／02-2957-6096
傳　　真／02-2957-6435
作　　者／田中知惠
翻　　譯／陳聖怡
責任編輯／邱凱蓉
內文排版／洪浩剛
港澳經銷／泛華發行代理有限公司
定　　價／350元
初版日期／2023年7月

國家圖書館出版品預行編目資料

「印象」心理學：認知偏誤會扭曲人的判斷 / 田中知惠作；陳聖怡譯. -- 初版. -- 新北市：楓書坊文化出版社, 2023.07　面；　公分

ISBN 978-986-377-880-6（平裝）

1. 社會心理學　2. 社會互動　3. 人際關係

541.7　　112008333